GAP YEAR，冒險一年又何妨？

國際青年們的壯遊年觀察記事

張瓊允——著

致謝

乃方、巧愔、志雯、佳音、侑倫、怡甄、虹玉、珮甄、睦迪、詩茹，因為你們無私分享精彩的人生故事，豐富了這本書，讓臺灣的Gap Year有了較為清楚的輪廓。

Special Thanks to

Daniel, Eleonora, Iris, Mobisa, Vytas

Sharing your remarkable life story to enrich the book, and helping people get to understand the concept of Gap Year in different countries.

推薦序

勇於為自己的人生冒險

臺灣國際青年文化交流協會（ICYE）理事長 簡君伊

ICYE的傳承

志工交換那一年所經歷的一切，都會是人生回憶中最可貴的種子，當年經歷的所有，會在心中種下無限可能性的種子，伴隨時間與人生感受的灌溉，茁壯為未來支撐自己甚至是整個家庭的大樹。我的爸爸因為曾經到瑞士進行交換，帶回了西方家庭的教育模式，讓我的成長過程與同齡的家庭有很大的不同，直到自己經歷了在英國的Gap Year，也深刻地與自己對話。

對我來說，如果爸爸沒有到瑞士，我不會有在傳統家庭接受西方教育的機會；如果我沒有到英國，我可能永遠學不會享受自己一個人的旅行。與書中的各位主角一樣，我們都會持續反饋給ICYE，讓更多人有出走的機會與培養他們的勇氣。

Gap Year 中會發生的事

在 Gap Year 的這一年，大部分的參加者都不知道自己要什麼，就連我也是，只想著想去體驗一下不同世界的生活就出發了。剛抵達時，每一個人都是非常興奮的，不過當熱度過了，你可能會開始想念臺灣的美食、家人朋友，原本的生活模式與熟悉的環境。當真正生活在異地，要早起工作，要面對同事，要與客戶交談，生活中會遇到不同挑戰與困難，心裡也開始會冒出很多聲音，如「我可以嗎？」、「我這樣做好嗎？」、「我會不會影響到別人？」，甚至是「我在這裡做什麼？」，這些自我懷疑與對未來的不確定，都有可能引發生活的焦慮及不開心：語言不順、文化隔閡、價值觀衝突等，都可能開始會遇到挑戰與挫折。

與書中的主角相同，我跟大部分臺灣人一樣，是在大學畢業後才出國，許多世界各地的志工年紀都比我小很多，他們大多都是十八至二十歲之間。那一年我的室友有三位，由祖父母養大且對阿拉伯文化非常有興趣的德國志工、家裡很富有但被媽媽送到英國的澳洲志工、想要訓練自己獨立脫離原生家庭的宏都拉斯志工，我們來自於完全不同文化背景的國家，一開始真的有非常多生活上的不適應與價值觀的衝突，但也在多次的方桌會議上找到彼此的平衡點與共識。

Gap Year會有很多需要自己安排的時間，尤其是空閒或是旅行，每個人都會想要多去看一看，而在獨旅的路上，會認識更多對未來迷茫的人，當感受被同理時，就不那麼害怕了，我們都在經歷探索自己的過程。我也因此深刻地體會到當一個人迷路時，反而能被轉角的美景驚艷；碰巧進到巷弄裡的溫馨小店；甚至遇到背著帳篷與睡袋隨時都能以天地為家的旅人。因而獲得重要的人生哲學：「總會有辦法的。」自此改變我從小到大的計劃性人格，多了隨遇而安的從容，可以悠閒享受獨旅。

然而這都是生活體驗的一部分，既然已經出發了，那就敞開心胸好好的去面對吧！可能是一場高潮迭起的冒險，也可能會是一場深度的自我對話。

關於《GAP YEAR，冒險一年又何妨？》

瓊允訪談多位曾參與ICYE的志工交換計畫的青年，透過多國交青的視角去呈現，不僅是臺灣人到歐洲、非洲、中南美洲會有文化差異，更從歐洲各國的交青觀點，分享他們一樣也會有的迷惘。每個人因為不同的原生家庭、成長環境、社會期待及文化背景，培養出的價值觀與個性，進一步去感受，我們是否能包容、適應及接納，那個受到衝擊的自己，與尊重可能跟自己不同的個體。故事中的主角都是由現在看過去，除了回憶，也帶來更多的省思，這些看見都是生命中寶貴的禮物，即使是從分享的角度來讀，這些看似不經意的小小岔路，都有機會在已知的地圖中發現新的風景。

經常開玩笑的說，計畫結束後的三年，五年，甚至是十年後，好多的故事彷彿昨天才發生，歷歷在目，參加者不會忘記，也一定都會想念當時那股能勇敢去面對一切未知的勇氣。每一年參與營隊分享都重新品嘗一次反文化衝擊，沒有停止的一天，永遠都會有新的人生體悟回溯到當年的自己。

身為在ICYE計畫長大的孩子，回到臺灣開始擔任學姊、活動主辦人到理事長的期間，每一年都會看到許多交青，也很榮幸能夠參與及見證大家的Before & After。這本書記錄了很多真實的故事與獨立的觀點，都希望鼓勵大家要更用心認識自己、品味生活，保持開放的心胸，勇敢地迎接各種可能性。

*關於ICYE

International Culture Youth Exchange 國際文化青年交流協會，是一個超過七十年且由超過四十個國家組成的國際組織，致力於鼓勵青年透過一年的國際交換計畫深刻體驗不同國家的生活，從而認識自己，開拓視野與接納不同文化。

目錄

外國的 GAP YEAR 篇

前言
他們的眼睛在發光

曾經，我為自己做了人生第一個重大決定：辭掉工作，到義大利當志工，在那個度假打工還沒開始，除了留學、遊學，想在國外長期居留還不普遍的時刻，這無疑是個冒險的決定。到國外當志工並沒有比較高尚，為的是藉由幫助他人而擁有一次走出熟悉環境、得以觀看世界的機會。經過一年異國文化的洗禮，在完成志工工作後，我展開了一場為期數個月的歐陸浪遊。

那段期間遇見許多稚氣的臉龐，看著他們一個個背著厚實的大背包，彷彿把所有家當都背上了身，一雙腿就是最佳的移動工具，有的甚至帶著一張沒有回程的單程車票，正要展開一段長時間的旅程。我在與他們交談時發現了一個共通點，他們的眼睛無不閃閃發亮，好不耀眼。

「下一個目的地？」我問。

「還不曉得，先在這個城市待個幾天再說。」A說。

「我正在環球旅行，從亞洲開始，經中東到歐洲，再到美洲。」B說。

「我想先去〇〇待幾個月，學習當地語言，之後……之後再做打算。」C說。

沒有縝密的行程規畫，想必也沒有備妥多大筆旅費，言談中卻不見懼怕與擔心，出發就是最重要的事。然而，更令人更震驚的是大部分的他們多半只有十八、十九歲，二十出頭，有的獨自一人、有的男女朋友一起、或是幾個友人結伴，走出自己國家開始進行或長或短的旅程。他們恣意揮灑青春、享受自由，好像沒有非做什麼不可的沈重感，又似乎帶著想要看看外面世界的期待。說是自我探索也好，摸索志趣也行，他們給自己一段完完全全屬於自己的時間，去到陌生的地方、接觸不同的人、感受異國的風土人情，行有餘力再想想未來……如果心裡有這麼一點念頭的話。

那時的我完全被他們那股與年齡不相襯的自信與大無畏的行動力給征服，即使我也不過才虛長幾歲，即使後來的我也不知不覺成了他們的同路人：流浪在不同的城市、時不時拔腿追著公車、趕巴士、遇到動不動就罷工的火車便徹夜守在車站等待隨時可能的復駛、為了怕錯過早船而隨意席地睡在碼頭、為清晨起飛的班機在前一晚蜷窩機場……

那是屬於年輕人肆無忌憚的浪漫。

一種怎麼樣都無所謂，沒有什麼可失去的豪情壯志。我後來才知道，不論是他們或是我所進行的，正是所謂的Gap Year，一個對我而言十分陌生的人生階段。那時我一邊羨慕他們能在那麼年輕的時候就有此意識及勇氣跨出去，一邊暗暗埋怨自己，如果能更早一點覺醒就好了。

相較於西方大多在高中畢業階段進行Gap Year，藉由一段時間的休息，去從事各種活動，比如旅行、當志工或任何感興趣的事，在那段遊歷中吸收充足的養分，更清楚地認識自己，再進入人生的下一階段，可能是走進職場，可能是進入大學殿堂追尋更高深的知識；然而在臺灣，民眾進行類似活動的時期分布於各種人生階段。如果那可視為臺灣人的Gap Year，何以國人Gap Year的時間十分分散？十幾歲、二十幾歲、三十幾歲甚或更年長都有可能進行，為何會與西方有著明顯的差異？在人生不同階段的遊歷是否會對一個人的未來產生不同的意義與影響？

對於東西方Gap Year的好奇與疑問，沒有解答。

多年後，我重返校園成為一名研究生，當年彌足珍貴的經歷不但形塑了現今的我，沒料到的是，除了曾為此出書，最終還成為日後論文研究的主題，這一連串的人生境遇，冥冥中似有定數。

曾經的疑問有了進一步探索的契機，我從曾親身參與的ICYE（臺灣國際青年文化交流協會）中訪談了不同年齡層的國內外志工，從他們的故事中了解東西方青年在Gap Year想法上的差距，以及Gap Year之後得到的啟發與收穫。藉由不同年齡層面對人生不同的思考，進而開啟各自的Gap Year，希望提供給正在人生抉擇中迷惘的青年一張可能的未來藍圖，在抵達目的地之前可以給自己一個機會多嘗試其他道路，看看途中的風景，別盲目而輕易地替未來做決定。

即使多年之後，我依然記得Gap Year那年的熱血沸騰、不顧一切、奮力擁抱世界所帶給自己的衝擊與震撼，那時不明白那些經驗帶給自己的是怎樣的人生養分，但我知道如果可以更早就去做這件事，當看得多了、見識廣了、對自己了解更深了，人生的選擇或許將因此而不同。

「18歲的我在做什麼？」同樣走在Gap Year旅程中，我不只一次喃喃自問。那時在途中遇到的人，他們的臉龐早已不復記憶，但我永遠記得他們眼中耀眼的光芒。

臺灣的GAP YEAR篇

陪著你長大

◇韓國

想在亞洲當志工

佳音從大學開始就有參與國際志工的想法，雖然清楚做志工是去幫助別人，但自己還是需要準備一筆參加經費。因為不想向家裡伸手，所以就將這個念頭暫時擱著，打算先出社會工作，等日後有機會再說。後來透過一位教會阿姨得知了ICYE有關出國當志工的訊息，在考量時間與經濟已能負擔之後決定一試。

佳音在考慮想去的國家時，思考有別於一般人，不像大多數參加者以英語系國家為目標。她大學就讀的科系是德文系，曾因實習的緣故而在歐洲生活過七個月，覺得歐洲差不多就是所見的樣子，沒有太大的吸引力。她反而想留在亞洲做志工，甚至有「非韓不可」的念頭，抱著如果韓國沒有名額就打算放棄。

頗有語言天分的佳音，自己平時從韓劇中學習，已經可以聽、說一些簡單的生活用語，沒想到最後真的如願通過甄選，前往韓國。

同去韓國的志工有來自芬蘭、丹麥、瑞士、法國、南美洲等，只有佳音是亞洲人，雖然以英文溝通沒有障礙，但畢竟那不是她熟悉的語言，自覺英文無法與其他國家的人相比，因此不選擇在YMCA的幼兒園當語言老師，而是選擇到育幼院工作：每天上午十點到下午四點，負責照顧還無法上幼兒園、兩歲前的小baby。

做個Baby的小保姆

育幼院裡除了員工之外，還有其他的本國志工，像是平常不需要上班或是已經退休的義工媽媽，她們有時間就會登記去育幼院擔任志工，大概都是媽媽級或阿嬤級的人會去陪小baby玩，ICYE派去的志工就只佳音一人。

「其實老師們會說，叫我跟小朋友玩就好了，可是有時候看他們很忙，我怎麼好意思就只陪小朋友玩？」看著老師幫小朋友換尿布、餵奶忙碌的樣子，佳音便主動詢問是否願意讓她幫忙，在徵得同意之後，便開始協助餵小朋友喝奶，或是餵他們吃飯。

「照顧那種真的是baby的是沒有經驗，可是想說我都是志工了，就算沒經驗，就趁這次來個經驗好了。」不受限於自己的身分與經驗，只想著自己還可以做更多，願意多做一些。「他們都會躺在baby的床上，有點像搖椅的感覺，所以我就手拿著奶瓶餵奶，不用抱著；再大一點的baby，手已經有力氣可以自己拿，所以我的工作就會調整為在旁邊看著他們，不要讓他們被ㄋㄟㄋㄟ嗆到。」回顧在工作中的自己，即使做著不熟悉的事務，身為育幼院裡唯一一位外國志工的佳音還是全力以赴、努力學習。

如魚得水的韓國日常

或許是同為亞洲國家，這些年韓國文化透過戲劇節目大量輸入臺灣，在接觸之下也變得相對熟悉，再加上佳音原本即有一些韓國朋友，因此在初抵韓國的生活適應上一切如魚得水，但卻也因此造成小小的問題。

「一開始那些外國志工會看我吃什麼就吃什麼，我去哪裡，他們就跟著我去哪裡，像母鴨帶小鴨一樣，不管做什麼，我的後面就會跟著一群〔外國志工〕。所以這件事一開始有造成我的困擾。」除了服務之外，工作之餘每個人都想有自己的時間與個人的生活，老是被一群人跟著，著實令佳音感到不太舒服，也打破了大家都說歐洲人很獨立的印象。

這或許是因為其他外國志工尚無法完全融入韓國所致。在生活上，外國人普遍有「韓國人好像很怕、很排斥外國人」的感覺。以佳音的觀察，她覺得其實他們不是排斥外國人，而是因為他們英文不通，擔心無法提供幫助或幫錯忙。因此就誤以為他們很酷、很跩，這是對他們很大的誤解。佳音是在工作熟了之後詢問同事才得到印證，得知韓國人大多可以聽得懂英文，但就是不知道該怎麼講，無法充分表達，只能回答很基礎的Yes、No。或許正因為如此，才讓初到韓國的外國人在生活上樣樣都十分依賴她。

割捨不下的牽掛

佳音在工作中印象最深刻的是與一個小baby的互動。她剛到工作單位便照顧了一個同年出生才七個月大的寶寶，他出生沒多久就被他母親丟棄在baby box[1]。「他輾轉來到我們育幼院，經過二、三個月我才跟他有比較多的相處，後來發現那個孩子很黏我，會爬到我的旁邊，伊伊啊啊的發出baby語，就越看越可愛……」佳音似乎特別有baby緣，大學時在德國萊比錫的幼兒園實習，照顧的是一到三歲的小朋友，那時也是有個新來的孩子黏著她，甚至回國之後，小朋友的媽媽還傳訊息說他還是每天都在教室等著她……

從老師口中聽到了小baby不幸的身世，彷彿是連續劇劇情的真實呈現，心疼他的遭遇，更觸動了佳音的敏感神經。「他剛生下來沒多久，媽媽因為是未成年的關係，就寫了一張小紙條塞在他的衣服裡面，寫著他的名字、他什麼時候出生、血型是什麼型。然後就跟他說，『對不起，我把你丟掉了，你要健康地長大』。聽完之後我就哭到沒有辦法講話……那天回去，我整個在廁所哭到不行……」為此還驚動室友，不曉得她發生了什麼事。

1 一位韓國牧師在教會牆上設置一個內外相通的小箱子，協助因故無法養育孩子的父母藉由送養，不放棄嬰兒的生命。https://cdn-news.org/News.aspx?EntityID=News&PK=000000000652e59d06d453d07f9234f9f1d07fa21a25357。

兩人之間感情的建立來自每一天的朝夕相處，對孩子而言，很多值得銘記的第一次都有佳音的陪伴。「一直到我要離開的時候，那孩子已經很大了。我們一起做了很多的事情：一起過聖誕節，一起看初雪，跟他一起經歷了春夏秋冬。很多事都一起做，在那個孩子出生的第一年，陪他完成了很多事情，所以就對他特別有感情。」無意間參與了一個小生命的成長，在他失去原生父母貼身照料的最初階段，佳音無疑是baby重要的情感投射對象。她以照顧與陪伴填補了baby人格發展中不可或缺的父母角色，也因此產生了特殊的情感與連結。

佳音常有意無意對小朋友透露自己不會久留的訊息，即使他應該無法解理。她每天都會背背包去上班，有一次她把背包拉開，就把那個小Baby抱進去。「我開玩笑說『那你就跟我一起走好了』，他說『好』，就整個人坐進背包裡，然後跟老師他們揮手。」小Baby還不太會講話，可是大人們卻可以感受到孩子發出的訊息。

在某些成長的關鍵時刻，佳音也沒缺席，對baby而言，她已然是不可或缺的存在。「他在學走路的時候，某一天就站起來、扶著牆壁，朝著我踏出他人生中的第一步，我放聲大叫！他看到我的表情就一直笑，也開始叫我『歐ㄇㄚˋ』、『歐ㄇㄚˋ』（韓語母親之意）。到八月我要離開的時候，又跟他說（自己不會久留的訊息）。他坐在我的面前，突然就用他的頭去撞地板，撞到整個額頭淤青……」佳音很捨不得、很想過去抱他。但老師反對，說他需要學習控制自己的情緒。老師對baby說：「你不能這樣，你再這樣的話，佳音真的會走。你繼續這樣，她現在就會走了！」小baby或許將照顧者當成了母親，雖然不懂離別是什麼意思，但又似乎知道那代表著什麼，才會有如此激烈的反應。

「……然後他就停下來，過沒多久又繼續這樣。老師只好請我先離開，所以最後我就哭著回家。一整個禮拜都在哭。我知道我自己要離開的那個禮拜，要回來臺灣前的一個禮拜，幾乎每天都是哭著去上班、哭著回家。」經過幾個月長時間的朝夕相處，即使佳音尚未為人母，也提早體會到了母親即將與自己孩子分離的揪心與不捨。

佳音那時真的放心不下，八月離開，回來臺灣之後，過了一個月又再回去韓國。那孩子看到她就笑出來，可是等到佳音要過去抱他，他就開始崩潰大哭。「最後，我有好好地跟那個孩子道別。我說：『我不會每天在這裡，可是如果我有空，我一定會特別坐飛機來看你。』所以一直到疫情之前，每年的寒暑假我都有飛回去……從他六個月到現在五歲，一直在關注他的成長。偶爾也會視訊，他有時候看到我，會很興奮地大叫。」時間與疫情都無法阻隔彼此間深深的羈絆。

對佳音來說工作雖然結束，但存在兩個人之間的連結並沒有因此消逝。一年所累積的情感早已昇華成關心與牽掛，遠遠超越了志工工作所該賦予的，成為一種跨越國界放不下的責任。這或許是當初參與時未曾想過的：在一個baby成長過程中留下了如此深刻的軌跡，甚至可能影響他日後的人格發展。同時，也讓自己在這一年，如洗三溫暖般跟著孩子一同成長，這次的經驗成了一輩子難忘的印記。

把握機會學好韓文

佳音當初想利用在韓國的機會好好學習韓文，於是在下班後的六點半到九點很認真地讀書。她在提供給志工上的韓文課中，被老師認為其程度明顯高於其他志工，建議可以換一位更高級別的老師。「工作單位好像有看到我很迫切在學習韓語，所以幫我請了一個一對一的老師。每個禮拜上課，老師就陪我寫語言檢定的題目。」由於天賦加上努力，佳音的語言能力有著長足的進步。

佳音打定主意要參加韓語檢定考，認為要考了才知道自己的能力到哪裡，於是便以中高級為目標。「檢定考程度最低是一級，最高是六級，我想考到五級，五級的標準是一百九十分，結果最後我考了一百八十九分，當下我就哭著打電話給老師……」老師安慰她說，一題都是兩分、三分，那只是標點符號或是空格沒有空好的問題，基本上應該已經有五級的程度了。對於只在當地生活十個月的佳音，工作之餘認真努力地學習韓語，最終也達到近乎五級的程度。

不論是之前在德國的實習或是後來到韓國當志工，佳音一直抱持著去到陌生國家就要像個當地人：在德國就活得像一個德國人，在韓國就活得像一個韓國人，一切入境隨俗。既然已經選擇去那個國家，就要學習他們的文化。「如果要在那邊好好活著的話，那我就不能太不一樣，不然會覺得很麻煩。」佳音所謂的「不能太不一樣」是指在各方面要儘量融入，不把自己當個外人，放開心胸去接納與體會文化差異。

因此佳音去到韓國時沒有感到水土不服，覺得什麼都很自在、很舒服，反倒是回到臺灣後，有很嚴重的反文化衝擊。一方面大家對於回來之後「韓化」嚴重且尚未轉換回臺灣模式的她有些揶揄，會覺得她是「半個韓國人」，會對她說「妳們韓國如何如何……」，甚至在疫情大爆發的時候，會對她說「妳們韓國現在很嚴重耶！」或者會說「妳什麼時候要回去韓國？」開著諸如此類將她劃歸為韓國人的玩笑。另一方面回來之後面對家鄉的交通等亂象卻也讓佳音感到不適應，即使種種場景是再熟悉不過的臺灣生活日常。

或許是浸淫在韓國文化太久、影響太深，佳音剛回來時連進去便利商店都會跟店員打招呼。「我會說『你好，我想要買什麼什麼』，還會不小心對他們點頭致意，還有他們要給東西的時候手會有個手勢（會習慣扶手，另一隻手會扶胸口，或扶著手肘），所以反文化衝擊（reverse culture shock）很嚴重」，不知情的人肯定會以為她是韓劇看太多、太融入所致。

至於佳音當初在韓國生活有多投入，則可以從學習語言這件事窺知，「我現在是跟妳講中文，我如果沒有講話的時候，我的腦袋是在講韓文的」。這也難怪她可以在短時間內將韓文練習到一定的水準，甚至到志工生涯後期出去買東西，被韓國店家誤認為是本國人，怎麼樣都不相信她是外國人呢！

過來人看 Gap Year

回想在韓國當志工的經驗，佳音覺得收穫頗多，在那一年發現了很多自己不曾發現的樣貌。「因為在一個新的地方，完全沒有人認識我，就可以很真實的發現我喜歡什麼，或是我不喜歡什麼，然後我可以學習怎麼樣跟人家溝通，講出我自己真的想法」，因此佳音對Gap Year的整體評價很正面，也會鼓勵其他的人去Gap Year。

然而她卻不覺得應該鼓勵臺灣的年輕人太早去。佳音以自己的經驗與觀察認為，在臺灣目前的教育模式下，就同齡者來說，臺灣年輕人顯得比較幼稚：「我覺得這是臺灣還滿嚴重的致命傷，其他國家的高中生畢業都已經有一個基本的樣子了，可是臺灣的學生畢業出來就還是個小朋友的樣子。」佳音所指的是在那個年紀該有的成熟度。我們的年輕人似乎較難看出已經具備能夠獨立面對事情、為自己負責的能力。

因此她認為如果要鼓勵年輕人在十八歲之後出國，他們能「活著回來」就已經是很大的恩典。因為即使已經十八歲，卻在心智或生活情緒上還未準備好，這樣去國外也無法好好生活，會擔心他們在當地沒有辦法適應文化上或是整個大環境所帶來的衝擊。「有時候在別的國家發生了什麼事情，可能還需要動用國家資源去救援……所以我並沒有很支持十八歲就鼓勵他們飛出去。」佳音對於是否應鼓勵年輕人在高中畢業階段便進行Gap Year，點出了她的擔心。

如果打算在Gap Year從事志工工作，佳音認為必須具備一顆成熟的心，在可以照顧自己的狀態下再到別的地方去照顧別人。雖然說Gap Year不限於到國外，但她指出待在國內Gap Year可能會碰上的情況：「如果是留在國內，可能家人還可以來探訪，因此對這個年輕人並沒有多大的幫助。他可能時不時就想家，或者可能會有一些恐龍家長，因為孩子的一句抱怨，就開始大罵單位、找工作單位的麻煩……」因此佳音認為如果想訓練獨立，真的想 Gap Year，就應該選擇國外。

佳音以自己為例，她剛到德國的時候才剛滿二十歲，距離十八歲又多了兩年的歷練。她必須獨力提出一個教案，一個人面對全是德國人的老師、家長和小朋友，而那時的老師很嚴格，「我寫了一個教案給他看，他也沒有回應說可以或不行，他說，『那是妳的事情』。假設一個臺灣的孩子，他十八歲，能夠有這麼強的心臟，當別人這樣回應他的時候，承受那個壓力嗎？」因此佳音認為稍微大一點，可以在大學一兩年，或至少有一些社會經驗，真的為自己的學業負責之後再出去，也許更有幫助。

佳音再以自己回國後在幼兒園工作的見聞提出觀察。她說，看到臺灣家長在照顧小朋友的方法感到十分緊張：「滿多家長不能接受孩子受傷，跑個步跌倒就來興師問罪，或是孩子的書包不能自己背，因為覺得小朋友很小。雖然書包裡只有一本聯絡本跟一本課本，他覺得還是很重，不想要孩子的肩膀扛著這個重量……如果以這樣的方式來照顧孩子一直到十八歲，可以想見他被保護得多好！」試想在家長這樣照顧下長大的小朋友，即使十八歲恐怕也無法真的很獨立。試想，我們的社會中有多少人是這樣長大的？

可能因為曾在德國待過，看過不同國家的教育方式，瞭解他們如何教導孩子從小擁有自主性，並且在日常中陪著孩子一起建立生活起居能力以及獨立思考的能力，所以同年齡相較之下，佳音才會覺得臺灣的孩子與之有一段不小的差距。這並不是妄自菲薄，而是看到別人再想想自己，讓佳音有很深刻的感觸。普遍而言，臺灣的年輕人在成長過程中缺乏訓練獨立的機會及環境，因此她認為可能需要有一些歷練之後再出國，對他們來說遇到任何困難與挫折才不會太難受。

同場加映——韓國 Gap Year 觀察

藉著那一年在韓國生活之便，佳音對韓國年輕人對於 Gap Year 的態度也有些粗略的瞭解。很多人會選擇在考上大學或在大學中休學以進行 Gap Year，男生也大多會利用這段時間先當兵，回來再繼續完成學業。

「韓國的兵役從一年多到兩年都有，如果這個人大學畢業了，他很有能力，或是他學到很多技能，在完成儲備的同時，他現在就已經 power 一百了。可是去當兵，那些技能可能會全部消耗完，再出來等於是從零開始。」單就時間與效益來看，佳音還滿認同在大學時就先休學去當兵的作法。

而選擇在大學期間 Gap Year 的人也不在少數，佳音以自己認識的韓國朋友為例，「他就申請先當兵，在當兵的同時邊準備 Gap Year，打算利用 Gap Year 練好英文，回來再銜接大學，把它念畢業，之後就接著就業。」韓國這樣的作法顯得不浪費時間，畢業與就業之間較不會中斷，即使休學再復學年紀會比同班同學大也無所謂，因為這是很多人共同的選擇。

停不下來的 Gap Year

◇宏都拉斯

出發，從一個疑問開始

說起來，怡甄去宏都拉斯的起點，是始於一個疑問。

怡甄有一段時間在中南美洲，先在瓜地馬拉學西班牙文，再旅行至玻利維亞與祕魯。在看到當地的教育系統後，心中有了不少疑惑，而那時她已經開始在搜尋從事國際志工方面的資訊。

她在瓜地馬拉寄宿家庭的小兒子大概十歲左右，上的是私立學校，但是學校有個和他差不多年紀的小男生卻每天都到教室賣水果。他雖然西班牙語非常流利，可是卻完全看不懂白板上的字。怡甄當下受到相當大的衝擊，一個是上私立學校，一個卻近乎文盲，但除了那個賣水果的小孩，還有為數眾多的孩子，明明是上學時間，卻一直在外逗留，而那個小孩即使肚子餓也不能吃帶去的水果，因為那是要賣的商品。

「他們有免費的基礎教育，但對貧窮的家庭來說，不去上課，去外面賺個五塊錢也好，那就是收入。在學校雖然花不到錢，可是也沒有賺錢，我寧願你不要去學校，去外面賺個五塊、十塊，對這個家庭也是幫助……所以我當下會覺得『天啊！這到底是怎麼回事？』」隨後她再去其他城市，或是到秘魯等國，越發覺得一定還有其他原因造成那麼多小孩在外面遊蕩，沒有就學，但她卻一直沒有得到解答。

怡甄帶著疑惑回到臺灣，後來偶爾在工作單位得知了ICYE招募志工的訊息，原本因為三十幾歲的年紀已經超過申請的年齡上限，最後卻在因緣際會下通過甄選，出發前往位在中美洲的宏都拉斯。

在農婦與老師之間轉換身分

怡甄的工作單位是一個西班牙神父所創組織旗下的其中一個計畫，該計畫最主要的宗旨是希望學生能夠自給自足。在完成免費的基礎教育之後，許多經濟有困難的孩子沒辦法再繼續升學，需要在家幫忙或出去賺錢，於是組織便有計劃地提供協助，讓他們有機會再回歸校園。「組織提供床位，大家全住在一起，可以把它想像成一座宇宙超級無敵大的民宿農場，有間超級大棟的民宿，裡面有三大間房間，全是上下鋪，一間可以住上二十人。同時那裡還有咖啡園自己產咖啡、自己養豬、養雞、養魚，還有兔子……」申請者需具備一些條件才能入住。

宏都拉斯的教育系統與臺灣不太一樣，國中、高中也有半天的課程，因此學生可以自由選擇去上上午班、下午班以及假日班。入住之後由單位完全負責學費，每週還會提供一些零用錢，條件是在課餘時間必須替單位提供勞動服務：「每個人每天會被分配不同的工作，比如煮飯、餵豬、砍草、種菜、採咖啡豆等等，有點類似半工半讀。」為了省錢，那裡的生活十分原始，很多地方需要純手動，比如大部分是燒柴火，因此要去砍柴；沒有洗衣機，得全部用手洗。「歐洲來的志工不太習慣沒有洗衣機，當他們看到我在手洗時就呆站在那裡，因為真的不知道該怎麼辦」。

全宏都拉斯大概有十五個像這樣自給自足的據點，提供學費，讓大家住在一起，而半工半讀的學生們大多十八至二十歲左右。他們除了勞動，還兼行政職，也得做學校作業，因此會感到很累。

怡甄覺得住在大農場裡很舒適，也很自然，因此非常喜歡那裡的環境。她主要負責家事中有關農務的部分，比如需要菜就去拔菜，不然就是處理咖啡豆或餵兔子，大部分的時間是在廚房幫忙洗碗或備菜等。怡甄很自豪，雖然她不會砍柴，但是生火很厲害，這完全是拜臺灣愛烤肉之賜。

工作單位每個月會有兩個梯次的衝刺班，提供給附近學校十五歲以下的中學生。有些是因為學校太偏僻，有些則是因為老師常請假導致課程不連續，他們會將這些學生集中到單位來連續上課兩週。此時怡甄便轉換身分，負責教一兩個小時的基礎英文。由於單位裡沒有人會講英語，怡甄一開始的西班牙文還很不好，但經過三個月，主管似乎覺得她的語言有進步，因此便開始幫她安排衝刺班的教學課程。為此她甚至還想以自己過去的工作經驗編輯一本教材，但後來顧及在她離開之後可能無人能再使用，只好打消念頭。

課堂上的小媽媽

怡甄在工作中印象最深刻的事是發生在教衝刺班的時候。某天，一個女生帶了一個嬰兒來上課，一開始怡甄還猜想那或許是她的妹妹或弟弟，後來才發現，原來是她的小孩。這些學生年齡大概是十四到十六歲，但令人驚訝的是，他們大部分在這個年紀已經生過小孩。

又某一天，課上到一半傳來嬰兒的哭聲，一個看起來像是那個小baby阿嬤的人抱著他站在門口顯得十分不好意思，怡甄示意她可以進教室，便轉身寫白板。「當我再回頭時，發現媽媽非常自然地餵奶，而我完全沒有心理準備，所以大概頓了有零點五秒，想說眼睛不要一直往那邊瞄，要繼續上課，但我發現，當下我有點結巴……就是媽媽非常大方，而小baby肚子也餓了。」

怡甄指出學生生小孩的狀況單位都有名單。後來她發現不只宏都拉斯，連鄰國尼加拉瓜也是如此，十四、十五歲就生小孩很正常，因為宗教信仰的關係不能墮胎，有些人也堅持不准用保險套，因此便一直生，這就是他們的文化。

怡甄提到那位在課堂餵奶的小媽媽，在班上各方面都表現得很好，上課很專心、態度也很成熟，不像那個年紀的孩子。或許因為她已經生完小孩，因此不得不成熟。「偶爾我會考試，通常考完試，絕大部分的小孩不會想要理你，考完就考完，管我考幾分，但她會過來問她的成績，她說『我考得好嗎？錯在哪裡？有沒有需要改進的地方？』」怡甄點出這個女孩的不同。

也因此這個小媽媽讓怡甄印象非常深刻。她當下有些感慨，會覺得以她這個年紀，人生才正要起步，卻已經被小孩困住……即使想繼續念書、想要升學，勢必得有所付出，不單是經濟上的，還有精神上的。但顯然她兩者都沒有，因此不免為她感到有點可惜。

以 Gap Year 走遍天下

怡甄在二〇一九年六月結束 ICYE 志工工作回到臺灣，同年九月先去了尼加拉瓜，後來又再去國際合作發展基金會當了兩年志工。提起自己 Gap Year 的經驗，可說是遊牧人生的縮影。「我應該是從二〇〇九年就開始 Gap Year。那一年跑去 Working Holiday，兩年在澳洲、一年在紐西蘭。回來之後在臺灣待了兩三年，接著又跑去加拿大，就把它想成是加拿大版的 Working Holiday 好了……總之你會停不下來！」不同於一般人頂多擁有一兩次 Gap Year 經驗，怡甄卻彷彿上了癮似地不斷出發，因而擁有相當多不同國家及不同工作單位的經驗。她提到雖然每個人出發的動機不同，但她回想最初去澳洲純粹就是好奇，因為熱衷觀看網球比賽的她，有一部分的原因竟是為了看那個球場到底長怎樣！

怡甄一開始在澳洲找到的是牧場交換的工作，在當地一家小型的私人牧場從事肉品販售，「這個牧場每個禮拜會趕兩頭牛去屠宰場，每週四會拿到已經分解完成的各個部位。我們禮拜五晚上就會出發，到各地的假日市集、農夫市集去賣。」對怡甄來說，周遊在不同的市集非常有趣，而且餐餐都吃牛肉，吃得很開心！

期間農場主人對她很好，經過一段時間後她又換去果園工作，幸運地也同樣遇到很好的人。她的經驗顛覆了我們常在新聞中看到很多去澳洲度假打工者的悲慘遭遇。「你不要做黑工、要拿現金、要誠實繳稅，因為我找的是正派經營的果園，農場主人很願意教你，只要你好好跟他聊天。」也曾耳聞一些過來人抱怨去農場、去屠宰場Working Holiday根本學不到英文，「大家都說去果園能做什麼？當然不是跟樹聊天，你可以跟農場主人聊天，練習英文，這都要自己去拓展。」對於語言無法進步的說法，怡甄認為，如果找黑工，很容易找到工頭都是會講中文的人，分派工作的就會是講中文的仲介；如果找的是正派經營的工作，大部分就是當地人，便沒有機會用中文聊天。這一切都環環相扣，當然重要的還是取決於個人的心態。

生活中學著阿Q一點

怡甄提到那些年去了那麼多不同國家、不同的經驗，為她帶來不同的影響。「我本來個性比較急，容易生氣，事情如果不如我意，我就會爆炸！」之前她在臺灣覺得工作壓力很大，如果自己做錯事就會有點不高興，會生自己的氣。「在國外晃了一圈，發現澳洲就是步調慢，生氣也沒有用，後來跑去中南美洲，更慢，真的不要生氣，遇到事情，笑就好了。」這是她幾年下來所領悟到的阿Q哲學。

後來她到尼加拉瓜，為他們教育部培訓當地的英文老師，在那裡就發現中南美洲永遠不存在「準時」這件事，遲到一個小時都叫準時，比如培訓課是八點，到八點半才來一半的人。一開始怡甄還會很緊張，覺得要上兩小時的英文課太長、太累，後來發現課堂中永遠會莫名被人打擾，比如學校的校長或是記者會突然來訪，必須中斷上課，或是行政人員要發放交通津貼得耽誤十分鐘，但永遠都會超過……諸如此類的各種突發狀況。甚至課上一半，學生會站起來說肚子餓，想去外面買東西，但明明再十分鐘就下課了；或是課堂中兩三個人突然就走動起來，原本怡甄以為他們要去上廁所，結果只是因為坐得有點累，便站起來走一走……「他們是這個國家未來的英文老師，未來要當老師的人，你永遠會有那種『你要做什麼啦！有沒有這麼急？』的不解」，面對這種狀況，怡甄的腦袋都會出現三條線。

後來試著融入與適應，發現他們的生活型態、文化以及個人特色就是如此，也就慢慢能接受了。「就覺得，我就跟著他們一起慢吧，也不需要這麼緊張。」回到臺灣之後，她也把這樣的心態帶了回來，碰到很多事情也告訴自己不要那麼生氣，生氣也沒有用，就放開它，Let it go!凡事不用那麼緊張，也不是所有的問題都有答案。「我覺得我晃了一圈，當初對於當地教育制度所產生的疑惑，並沒有都獲得解決，或許也不見得會有答案，因此就告訴自己放鬆，不要那麼緊張。」

關心的議題不斷轉變

怡甄從最一開始去澳洲，關心的純粹只是這些人吃什麼、喝什麼、玩什麼，關注他們怎麼生活，對他們產生好奇，進而對這個國家產生好奇。後來關心的議題開始慢慢移動，轉移到教育方面，再往下延伸，比如宏都拉斯的政治與臺灣之間的關係，為什麼他們一直以來不敢與我國斷交？[1]這類議題。

怡甄回想起她剛抵達宏都拉斯時的狀況，至今仍歷歷在目。由於我國與中南美洲邦交國的關係一直不是很穩固，而那時正好有些風吹草動，因此她才剛抵達該國就很緊張。那時宏都拉斯在國際場合都沒有為臺灣發聲，「我就想說『天啊！天啊！宏都拉斯會不會要斷交？我會不會被遣返？我是不是要走了？』我很擔心這件事，心裡會有點焦慮，一直看當地的報紙有沒有關於臺灣的新聞。後來發現路上或是廣告媒體上還是有放臺灣的國旗，所以斷交應該只是風聲……」怡甄一面擔心，一面設法自我解釋、自我安慰，以沖淡剛到時的焦慮與不安。

在尼加拉瓜關心的事又不同了，除了教育、民生之外，還有像是為什麼學生都不認真上課？當地宗教的影響是否真有那麼大？諸如此類。「從接收到的東西，我會慢慢去著重思考，而關心的議題也會變動，可能從關心這一樣，會再關心更多，想瞭解的就越來越多。在臺灣，這些都不會有，不會想要知道，誰知道尼加拉瓜在哪？宏都拉斯在哪？」怡甄點出了在國內與國外同樣接收訊息，其間存在著巨大的差異。

怡甄關心政治的方式是找人聊天。她剛到的前三週被安排在首都上文化課及語言

---

1 該國已於二〇二三年三月二十六日與臺灣斷交。

課，幫助志工們認識宏都拉斯。當時的寄宿家庭是一個擁有游泳池及豪宅的富有家庭。媽媽是律師，爸爸是建築師，都是高知識分子，因此與他們來往的朋友以及他們帶怡甄認識的對象，至少都有一定的教育水準。「宏都拉斯的貧富差距也呈現在教育上，沒有錢就是上公立教育，就會學得亂七八糟，有錢的就是上私立教育。我在跟他們聊天的時候，就瞭解他們怎麼去講他們的總統、怎麼去聊他們跟美國的關係。」怡甄亦在言談中透露她的焦慮，直白地詢問他們對於國家是否會與臺灣斷交的看法。他們說：「這個總統[2]應該沒那麼笨，你放心！」寄宿家庭的爸媽很會聊，也很樂意分享，怡甄剛到時西班牙文不好，但是他們女兒的英文很好，因此便居中翻譯，這樣一來一往地聊天，藉著討論，從當地菁英的角度可以更進一步了解及貼近實際的政經局勢。經由與不同人的交流，怡甄關心的議題便慢慢越來越多、越來越廣。

短暫的韓國經驗

原本以為怡甄遍佈多國的 Gap Year 經歷並未及於亞洲，沒料到她居然還有韓國經

2 指當時的總統 Juan Orlando Hernández。

驗。原來她當初在澳洲認識了一位韓國朋友，他家在慶州某個半山腰開餐廳，便邀她在工作空檔過去打工換宿。

一開始怡甄只想耍廢，也確實不知道要做什麼。後來發現朋友家餐廳有自種自賣一種水芹菜，於是便自告奮勇提議在餐廳開店營業前讓她到農場幫忙。雖然語言不通，只能有樣學樣，跟著一起做，但就這樣在那裡待了三個月。

在那三個月中怡甄看到很多事情，有和臺灣很像的地方，也有很不習慣的地方。很像的地方比如語言，韓國與臺灣均受漢語文化的影響，常會發現韓文中有一些字聽起來與中文很雷同，會有一些類似的發音，像廁所，我們講化妝室，在韓語中比較文言的說法，也是說化妝室。怡甄那時認識朋友家的一位親戚，在大學教中文，教授類似論語、孟子的課程。知道怡甄來自臺灣就背了一篇禮運大同篇的內容，一來因為發音與中文不同，再者沒有背過那一篇的怡甄完全聽不懂。後來透過網路搜尋，竟發現發音很相像，仔細聆聽還是可以辨識。「我跟他就用筆對談，他寫的是繁體字，所以他寫一句，我就回他，就這樣聊天。」對怡甄來說那是個有趣的經驗。

然而「男尊女卑」則是讓她很不習慣也不喜歡的地方，即使某些部分與臺灣很相像，但看到的面向會不一樣。「你會感受到你們有多麼相似，也會感受到你們有多麼不同，可是那畢竟是建立在文化上的相似；即使在中南美洲，你也會覺得有相似跟不同的地方，以我自己的經驗，在中南美洲的相似，我會覺得是人的本質或思想上的相似，像大家都會偷懶這一類的，而不是文化上的。就相同點跟相異點而言，感受到的東西會不一樣。」對此，怡甄的感受特別深刻，或許正是因為她對於不同文化都有所接觸，因此才能清楚描述各自的異同。

「在那裡待了三個月之後，我就跟朋友說還好我不是韓國人，我沒有辦法在那裡生活。我認為韓國文化會讓我喘不過氣，但在中南美洲我可以活得很開心……」怡甄以職場文化為例，朋友的堂姐是某國立知名大學畢業，但在她懷孕之後，公司便要她辭職，這種事情屢見不鮮，讓怡甄直呼無法接受；再者因為朋友家的餐廳位在當地知名景點，常有許多當地人去爬山或公司在新春出遊，會發現他們用餐時一定要男女分開坐，對坐在中間主位的人敬酒時，需要側身喝下以示尊敬，諸如此類眾多生活的潛規則無形中都帶給人莫名的窒息感。

過來人看 Gap Year——以澳洲 Working Holiday 為例

可算是 Gap Year 達人等級的怡甄，綜整在各國所累積的經驗，得出比一般人更深刻的體悟。她認為如果把Gap Year視為Working Holiday，則在臺灣還算普及；但如果把Gap Year當作純粹的Gap Year，則其實並不普及。意即在臺灣大部分的人可能普遍會把Gap Year與Working Holiday畫上等號，而限縮了它的可能性。

「我覺得Gap Year是給自己一段時間，去找一樣東西或目標，但多數的臺灣人可能會覺得這只是浪費時間，所以通常會選擇Working Holiday。當Gap Year的人是以賺錢為出發點，他說『我就是要去澳洲賺錢，我要二線、我要三線，[3]我甚至要改名字，我要繼續留在那裡，我要想盡辦法留在那裡……』」因此便形成了世界版（一般普遍認知）與臺灣版Gap Year的差別，兩者定義不太一樣。她覺得前者在臺灣不太可能流行，但是後者在臺灣還算普及，至少看每年前往澳洲度假打工的人數即可窺知一二。

對於東西方青年Gap Year的看法，怡甄亦有她獨到的觀察。她以曾去過的澳洲度假打工為例，她在澳洲很容易遇到非常多十九、二十歲的德國年輕人，差不多高中畢業的年紀去Working Holiday。因為還沒有決定要進大學或做什麼，所以選擇在大學前

3 指二線城市、三線城市。

去度假打工。「第一次聽到覺得很訝異，如果是臺灣十九、二十歲的年輕人說要去Gap Year、要去Working Holiday，一定會被罵，大家會說書沒念完去什麼Working Holiday？」

十八歲，在臺灣已經成年，但就社會普遍而言，就算已經十八歲還是會被當成小孩。而年輕人自己似乎也寧願被當成小孩，甚至二十二歲大學畢業還覺得自己是小孩，會說「我『才』二十二歲，而不是『已經』二十二歲」，這或許就是臺灣年輕人與西方年輕人在心態上的差異。

「那時在澳洲看到的西方年輕人，他們出去真的是有認真在找尋，也許還不清楚要找什麼，也可能回去的時候還是不知道要做什麼，但起碼在這一年，他們願意去嘗試各種各樣的東西，但相對的，很多臺灣人思考的就是『這個有錢嗎？』」怡甄說的或許是現實，但從另一個角度來看，如果臺灣人去Working Holiday的年紀並非如歐洲人是在高中畢業，而是已經工作好幾年，那麼彼此的著眼點便有著基本的不同：一個對於未來尚未有定性，仍有待挖掘，但一個則是從原本的職場中出走，最終可能還是要回歸常軌，因此出去的目的便僅剩暫且逃離不滿的現實，同時希望如果夠幸運，可以帶回一桶金。

就怡甄的觀察，去度假打工的臺灣人有七、八成是為了賺錢，比較難看出有刻意尋找什麼的目的性，「雖然口頭上會說『我出來還是要有意義，我要去尋找什麼』，但事實上卻並非如此，他可能每天想著『我這禮拜可以賺多少錢？有沒有賺超過一千澳？』比較在乎的是這個。」由於澳洲度假打工沒有名額限制，可以遇到的母體樣本數比較大，因此怡甄對這現象特別有感。

她遇到的臺灣年輕人之間最常聊到的就是在臺灣工作壓力很大，大部分都想換工作，因為聽說澳洲的錢很好賺所以才過去；再者就是逃避情傷，想交男女朋友，比如想嫁給澳洲當地人或想交一個日本女朋友之類……藉此作為療傷的方式；當然不可否認也會遇到想增進英文能力的人，「但英文真的有練好嗎？臺灣人很怕自己英文不好，默默的就會跟香港人、韓國人、日本人、甚至是大批的臺灣人聚在一起，一直都跟母語非英文的人在一起，英文會好嗎？」怡甄犀利地指出她所看到在澳洲度假打工的情形，因此在臺灣人身上似乎較少看到真的以尋找自我、思考未來為目的而去Working Holiday的例子。

在澳洲遇到的除了德國人，怡甄還遇到不少法國人跟荷蘭人，在與他們聊天的過程中會發現他們比較具有目的性，比較會想找出自己喜歡的事物，或是找出自己適合什麼工作。或許還不知道以後要做什麼，甚至不曉得回去之後應該要就業或是念大學，但在跟這幾個國家的年輕人聊天時，她很常聽到他們會提到這件事。「跟臺灣人聊天不會聊這個話題，因為臺灣會去Working Holiday的人通常不是在大學前，他不會告訴你，我是要念書還是要工作，他只會告訴你，我來是要賺多少錢，我在臺灣工作很爛、壓力很大，我想給自己一段時間，所以就來這邊了……這不是找自己啊！」

以賺錢為目的去澳洲度假打工沒有什麼不好，任何一個決心離開舒適圈自我挑戰的人都需要極大的勇氣，值得大為鼓勵；但如果未能替未來加分，即使累積了些許財富，返國後要面對的職場問題依舊未解，那麼當初離開的癥結終究無法逃避，只是延後面對罷了。要問的是：你因此更了解自己了嗎？知道未來想要什麼了嗎？而思考這件事，如果提早到高中畢業、上大學前，一如西方青年在那個階段Gap Year，各方試探自己、努力尋找個人的興趣與方向，是否可以減少未來進入大學甚或職場之後所可能遇到的困境？

對於去澳洲Working Holiday，怡甄曾遇過大學畢業後去，也曾遇過工作幾年後去的，但十九、二十歲去的幾乎沒有聽聞，相信有也是少數，她推測去度假打工的臺灣人可能以二十五歲到三十歲之間為多數。「臺灣對於『三十歲』會很緊張，很多事要在三十歲以前做到，三十歲以前沒做到就要在三十五歲之前做，過了三十五歲就沒有人生……這是一個社會形成的默契。」怡甄一針見血地點出臺灣社會的整體氛圍，以及無形中對年輕人造成的壓力，好像三十五歲之後人生即已定型，難再有所改變。

如果因為 Gap Year 才真正了解自己，想做出徹頭徹尾的改變，比如跟過去的工作說再見，遠離討厭的長官、同事與環境，轉換跑道走向人生新方向，在人生步入青壯年時，一切是否還來得及？如果無法再次拿出勇氣做出犧牲或取得諒解，是否只能被迫重回原點，繼續過著之前不甚滿意的生活？那麼，是否該好好思考究竟應該何時 Gap Year？

深受撞擊的每個生活片段

◇芬蘭

從十二歲就開始期待

巧愔從小就愛跟在表哥後面跑，見表哥十六歲參加ICYE的志工服務計畫去了瑞士，回來之後竟變了一個人：完全擺脫大屁孩的形象，不再是那個帶頭做盡壞事及蠢事的孩子王。他不但成熟而且外語能力變好，讓巧愔也想去試試看。那時她也得到父母的支持，答應她十六歲時想去也可以參加，因此巧愔便從十二歲就開始準備。

或許是思想比較早熟，那時候國中生在想的，除了考試，就是對異性的探索，但是巧愔只想趕快多練習英文，與外國人聊天，這樣才可以出國。那時巧愔家同時擔任ICYE的接待家庭，接待一位瑞士的交青。[1]在與外國人的英語互動中，為巧愔帶來了小小的成就感，因此覺得自己在哪個領域獲得成就，就應該往那個方向前進。

「我還記得很清楚，Sandra來的時候，我就跟她還有另一個交青去逛百貨，我要用我的破英文跟她解釋，就隱約聽到旁邊有人在學你講話，但是他又不敢跟外國人講話。所以那時候的成就感是來自於我覺得我有勇氣跨出那一步。當時南部外國人比較少，也比較少人敢直接跟外國人自然地講話，你會被注視。」事隔多年，巧愔回憶起當初那個受到啟發的時刻，歷歷在目。

從這件事情之後巧愔覺得應該要挑戰自我，在自己成長的時光，無時無刻不想著要跳脫原來的框架。「可能那時覺得沒什麼，但是往回想，會覺得當初的影響還滿深的，不管是我表哥出去，Sandra 來，還是我們在那一年的互動。雖然大多事情都不記得了，但是間接地、慢慢地，有影響到我整個思維。」另一方面，她在學校也有著不太好的回憶。那個年紀大家都在追隔壁學校的男生，巧愔卻完全沒興趣，被當成怪咖又被排擠，成了班上的邊緣人。這更讓她覺得應該要走出去看看，不要被當下的事情所侷限。

好不容易等到十六歲，巧愔立刻申請參加國際志工服務。那一屆因為報名者眾

---

1 即交換青年。每年 ICYE 各會員國提供有限的名額，讓有興趣參與志工活動的青年朋友透過甄選，以名額交換的方式前往從事義務性服務，從而體驗文化交流。

多，可選擇的國家很少，所以沒能通過。不放棄的她第二年再次挑戰才成功，以交換學生[2]的身分去了芬蘭。

大自然就是我的教室

巧愔在臺灣原本讀的是室內設計，因此被安排到美術班，可以自行安排課程。她便依照興趣選擇了比較多設計或語言的課程。除了必要的芬蘭語之外，也嘗試去學拉丁語，有老師一對一教學。當地的語言課有很多選擇，像丹麥語、瑞典語、德語等至少八種以上，各有進階式的學習。其他時間則可以安排感興趣的課程，由此可看出芬蘭在教育上十分靈活彈性，可以依各自的喜好順性而為。

巧愔觀察到臺灣與芬蘭有一個明顯的對比，臺灣學生常在國際物理、化學、數學等競賽中名列前茅，反觀芬蘭都沒有在列。因為他們不特意培養選手，認為每個人都有自己的步調與潛能。即使芬蘭可能還是有厲害的學生，但他們教育及訓練的方式和

2 ICYE 現已無交換學生的 program。

我們不太一樣，因此可以看到臺灣學生很會比賽，卻不會生活。

「芬蘭的小孩很會生活，我指的生活是跟大自然的接觸、人與人之間的接觸，或是說對生活的基本知識。」她以煮飯為例，國中生都會自己煮飯，那是生活的一部分，父母不會要小孩去讀書、全由家長來做，反而會覺得要一起做，讀書不是孩子的全部。

另外，像是要認識大自然，就是到森林散步、採香菇，分辨什麼能吃、什麼不能吃；在森林裡迷路要怎麼辨別方位，哪一棵聖誕樹可以砍、哪一棵不行；這種草有毒與否；如果割傷了，可以拿哪一種草來止血……上述這些，巧愔是從一個小學生口中學到的。有一次她去同學家玩，同學念小學的弟弟跟著一起去散步，他即使英文不太好，但沿路一直抓著巧愔滔滔不絕，熱心地想把他所知道的事都告訴她，而姐姐就在旁邊翻譯。從小他們的爸爸就是這樣帶著他們辨識的，「對芬蘭人而言，人生不是只有讀書，而是真的踏入大自然、認識大自然。『認識』不只是我走過去而已，而是我真的理解這棵樹、這隻昆蟲、這朵花、這隻鳥，牠的差別是什麼？」這些紮紮實實的常識都點滴建立在他們日常的親子活動中。

回過頭看臺灣，我們擁有豐富的自然資源，但是不得不承認，大多數的人不管是對山、還是對海都相當陌生。遇到急難時甚至缺乏最基本的常識，而無法為自己的行為負責，我們的教育模式並未真正教導我們認識生活的這片土地。

牢記一輩子的錯

一個犯錯者在犯錯的當下所受到的對待，將會影響他如何記憶這件事。有些教訓會被記憶一輩子，而那通常不是來自大聲怒罵或嚴厲斥責。巧愔就曾發生這麼一件讓她印象深刻的事。

當時她參加了一堂需要手沖黑白相片的攝影課，卻沒有帶單眼相機。所幸學校備有六台供學生使用，巧愔沒聽清楚可以借多久，就持續拍了兩個月，直到想起來才開口詢問。「他就說，『哦……原來這台相機在妳那兒，我們找這台相機找了很久呢！』我就嚇到了，他說學生通常借一、兩個禮拜就要還，但我卻借了兩個月……你知道如果在臺灣就是被罵翻嘛，但是他沒有。」

以臺灣的經驗，免不了開口就是一陣劈頭痛罵，巧愔甚至都已做好被罵的準備，但是等到的卻是語氣平靜、不帶一絲責備的詢問，甚至關心她功課需要拍攝的內容是否已經拍完。當巧愔回答還差一點尚未完成時，對方非但沒有任何催促，還提醒她拍完記得歸還，要她下次記得借期是兩週。

「你知道那種羞愧心，就是自己超羞愧……他說『沒關係，我知道妳不知道，沒事，我們找到就好，還好沒丟。』他就是不會去怪你，臺灣老師根本不可能這樣。」對於一個犯錯的孩子，內心已經因為自己做錯事而感到非常害怕的當下，沒有在第一時間以尖銳的言辭大聲責怪，而是選擇以說理的方式讓孩子理解相關規定，讓他不會被情緒的怒火所震懾，導致事後只剩下被責備的印象，而不記得自己所犯的錯。芬蘭的教育方式是站在孩子的立場換位思考，同理孩子的所做所為，以說理取代斥責，沒有一句責怪卻能讓人產生羞愧之心，不但學得教訓，還會記得一輩子。

整個小鎮都是我的實習場

除了自己上課親身體驗芬蘭式的教育之外，巧愔還從接待家庭的妹妹身上看見他們的實習課，有如實境遊戲般有趣，又能真正達到學習及體驗的目的。

接待家庭的妹妹還在讀國中時就有一堂實習課，要他們自己去城鎮的商店找工作實習，比如麵包店或咖啡店等。學校會事先跟店家溝通好，因此名單上的店家都知道這群學生會來應徵，透過評比，店家有權決定是否接受學生們，而若有特別想去但未列在名單上的店家也可以另外請老師評估。

「這是一學期的課，前期老師會教學生怎麼寫履歷、怎麼面試，然後會有三、四個月在那邊工作。學期末再回來教室討論自己的工作經驗，感想是什麼？看到了什麼？覺得什麼事情很有趣？學到什麼？……」這是一堂貨真價實的實習課，並沒有因為學生年紀小就打折扣。這中間涉及如何讓孩子自己上街去應徵、在店家工作，而店家都願意全力配合，也給付薪水，不論是大人或小孩全都認真以對。

不僅在學校的教學層面，他們是整個社區有共識且願意為孩子的學習共同支持實習課。「它不是紙上談兵，而是身體力行去做這些事，讓我覺得他們對於這些不一樣的事情接受度還滿高的。」對比芬蘭基礎教育對國中生強調體驗式學習與經驗分享，若將場景換到臺灣，我們能做到嗎？難保不會有「他們還那麼小，去店家能做什麼？萬一……」的質疑聲音。但是，將孩子保護在一個受認可的「安全」環境，是否就真的對孩子較有幫助？

麋鹿之死

那一年巧愔在芬蘭跟著接待家庭一起參與了很多當地特有的活動，比如森林滑雪（forest ski）、砍聖誕樹、冰釣、各式芬蘭浴[3]、冰刀、冰上曲棍球等等，但她卻對狩獵感觸特別深刻。

巧愔住在距離首都八小時火車車程的鄉下，距離北極圈只有一百多公里，所以接待家庭的爸爸可以擁有狩獵執照，能合法打獵。他在秋天的每個週末都會去打獵，巧愔因此得以參加他們狩獵社團的家庭日。

家庭日可以帶著眷屬一起去狩獵，去森林裡喝咖啡、吃香腸，接著再去打獵。巧愔回憶那一天運氣似乎不太好，差點要「槓龜」（即一隻都沒有打到），後來是接待家庭的爸爸有打到一隻獵物。「我跟在後面，他就跟我講，『從現在開始一舉一動、一個呼吸、一個噴嚏都不能有』……打到的當下我覺得衝擊還滿大的，你知道一隻可

3 巧愔曾嘗試過都市裡的、住家裡的、渡假小屋裡的、露營場地裡的芬蘭浴，從最原始的等級到最先進的等級都試過。如果是柴燒，會散發出濃郁的槐木香，另外還有一種叫 smoke sauna（煙燻桑拿）。

能比你大三到四倍的龐然大物就因為一槍而斃命，當下的那種震撼，算上了一課吧，就是對於人的生老病死這一套，我覺得更有感觸。」循著槍聲的方向，巧愔還跟著跑到草叢堆裡去尋找獵物，看到牠如何被放血。本來要拍照的觀光客心態幾乎被拋在腦後，她已經完全被震懾住了。

在那一刻巧愔體悟到珍惜生命的重要，當生命突然消逝，一切就回不去了。「你永遠不會知道今天是哪一隻麋鹿會走到你面前，而那一隻麋鹿也不會知道，今天走過這個森林就是我一生最後的一條路……」從那時開始，巧愔對所有生物一律都視為同等，絕不會有想要殺死牠們的念頭，這都是受到那次狩獵的影響。

由一隻麋鹿的命運連結到人的生命循環，巧愔以當年那雙年少的眼睛看穿生命的本質，發現其中的道理其實是一樣的。

相信自己，你可以的

對於一個十七、十八歲的孩子能獨立完成的事，在芬蘭與臺灣家長眼中可能有截然不同的期待，導致後續的處理方式大相逕庭。若帶著臺灣的思維前去，恐怕將無法理解，甚至無法諒解對方的態度與作為。

芬蘭在秋天時會放大約一個禮拜的假期，巧愔爸爸一位住在瑞士的朋友便邀請她過去玩，唯一需要的就是去找當地的旅行社幫忙訂機票。「以臺灣人的想法就是，如果你十七歲，家長通常會說『哦，沒關係，我載你去啊！』那種感覺就是你還是小孩子；但那時候我接待家庭的媽媽就是給我地址，告訴我怎麼走，要我自己去。我覺得怎麼會是這種邏輯？」巧愔想不透，這並不是她所期待的反應啊！

臺灣孩子習慣在很多事情上由父母代勞。在臺灣父母眼中，子女無論幾歲都還是孩子，只要有所求，能協助處理的通常都會攬在身上，為孩子做牛做馬。凡事不須孩子費心，只要他們乖乖念書就好。與其讓孩子自行處理不如自己來比較省事，也因此養成子女理所當然期待父母幫忙的想法，從未思考自己的事應該由自己完成。

「我邊想邊生氣，就用不可思議的表情看著她，她就說，『妳可以的，妳已經要十八歲了，妳可以完成這件事，不需要我啊！』……我就去了。我後來還是有找到〔旅行社〕，把這件事情完成。」芬蘭的父母會相信孩子可以做到，並會在一旁鼓勵。面對一個看似艱難的任務，讓孩子從頭開始摸索如何進行，思考遇到問題如何解決，而最終能獨立完成。即使可能因此繞了彎路、遇到障礙，但設法排除的過程中，每一步都沒有浪費，都是學習。

巧愔坦承那個當下其實她的情緒是不好的，「因為我覺得如果是在臺灣，孩子遇到這個不懂，大人會帶他去，為什麼你沒辦法帶我去？這就是我那時候的想法。」她覺得很挫折，臺灣一貫的教養經驗是，家長代為承擔了太多孩子本該自行承擔的責任。其背後反應的是「不相信孩子可以」。他們無法體認即使犯了錯也無妨，因此臺灣大部分的孩子顯得過分依賴、無法獨立。

這件事情讓巧愔學到，不論人在哪裡，如果已經知道方向，事情能自己完成就應該自己完成，對自己而言也是一種突破，要學著能獨立自主去處理各式各樣的問題。她認為很多情況都是在當下抗拒，但往後回想起來會覺得滿受用、滿有幫助的，就像這件事會長久留在記憶中成為生命的養分。

Gap Year 一年的收穫

回顧那一年 Gap Year 的收穫，巧愔覺得自己能更有彈性去看待一件事，可以用不同的角度去解釋，不用那麼鑽牛角尖。她體會到人生中有些事情沒有是非對錯，每個人有不同的觀點。因此在與人對話時，她養成凡事多停留五秒，去思考對方為什麼會這麼說，背後的原因是什麼，而不會立刻就責怪別人、劈頭就認為是對方不對。

巧愔藉著一個人在國外，可以好好認清不可能每件事情都是美好的，總會遇到煩心事。而ICYE就像一把最初的保護傘，幫助她更能分辨善惡，知道什麼時候可能會遇上危機、該如何應變。這樣的Gap Year經驗也讓巧愔有了不設限於臺灣工作的想法，因此後來才會選擇出國從事飯店管理的工作。

巧愔體會到每個國家在不同文化背景下做出選擇的原因，去思考事情其實沒有絕對的答案，有很多方式能夠去完成，只是在當下要怎麼引導對方走到這個答案。她舉例，她曾和印度、瑞士、德國、美國以及墨西哥人一起工作，五個不同國家及文化背景的人，光是時間觀念就南轅北轍。臺灣人的誤差大概就是十分鐘，但印度人可能是兩小時。當無法改變他人又必須和大家合作時，就要學著不要對某些事情過不去，要學習與不同國家的人共事時的要領。後來經過五年在馬爾地夫，跟著二十四個不同國家的人一起工作，讓巧愔練就了能夠迅速調整自己的方法。

那一年的Gap Year也讓巧愔學習到如何觀察人。她認為透過語言無法理解所有的事，但肢體動作則可以透過觀察，從一些小動作或細微反應猜測到他人的想法。「我很在意別人的感受，會在意這個當下你是不是愉快的。比如朋友聚餐時大家都是愉快的，一起共事是愉快的，或是說客人來用餐是愉快的，那已經是一個根深蒂固的職業病，我會一直觀察每個人可能需要什麼，在他還沒開口我就會把東西遞給他了。」

巧憎覺得之所以有這樣的改變是因為在芬蘭時，英語原本就沒有那麼好，如果在場的人只講芬蘭語，她就只能從嘴型去猜測談話內容，從肢體動作去猜測大家可能在講什麼。在那樣的環境下無法參與對話，於是只能花很多時間去觀察。她本身又很在意整體氛圍，以及別人在當下是否開心，因此養成了仔細觀察他人、體察他人需求的習慣。這無形中幫助她在未來的職場上成為一名貼心的服務業從業人員。

徘徊在未來之路的兩端

巧憎不時都會去回想那一年 Gap Year 對自己的意義，比如以前比較沒有自信，回來之後有所提升，可以去面對自己的問題和未來。剛回國時巧憎正處於迷惘的階段，在思考未來到底要做什麼、想從事什麼行業。知道自己讀書沒那麼厲害，不是很會考試，也知道自己對填鴨教育真的不喜歡。她認真花時間聆聽自己內心的聲音，而 Gap

Year的想法一直在不同的時間點浮現。

那時候巧愔對於選讀室內設計的決定產生懷疑，不確定是不是自己想要的。即使在出國前早已做了選擇，且已經念到五專三年級了，心裡還是覺得動搖。她當時有兩個選擇，一個是觀光與飯店管理，一個是室內設計。她了解自己對於兩者是不同的喜歡。對室內設計的喜歡是在於空間與美感的欣賞，明確地知道知道自己只能是執行的人而不是發想的人，因為每次做作業時都覺得她的創意發想沒有別人好，但是自己卻可以靠著邏輯規劃去統整大家的想法，最終成就一件很棒的作品，因此在團隊中適合扮演這樣的角色，於是她很清楚未來若走設計一途，可能永遠都只能是別人的繪圖師——她已經提早看到了這條路的限制。

徘徊在兩者之間沒辦法決定要或不要，因為都喜歡，所以就覺得應該要設法驗證這件事。因此她參加了ICYE，想藉那一年的時間好好釐清，即使最終也的確證實了自己的分析，她還是回來讀完了室內設計。畢業後再給自己最後一次機會，進入建築師事務所工作了一年多，更加清楚知道自己不屬於那裡，與其繼續下去，不如趕快往正確的方向前進。

在多方嘗試過室內設計之後，巧愔決定要聽從內心的聲音改走飯店管理。她發現，室內設計與飯店管理的差別在於，前者在趕圖時是沒日沒夜趕得很痛苦；而後者忙起來雖然也一樣沒日沒夜，但是不會感到痛苦。這就是差別所在。當找到自己喜歡的工作，而它同時也是自己的興趣時，那真是很大的幸運。對巧愔而言，飯店管理在某種程度上即是如此。「之前我在馬爾地夫忙到昏天暗地，有時候早上六點就進辦公室一直忙到晚上十點才回到房間，非常累！可是當你可能是少數唯一、唯二的中文使用者時，什麼事都要你代表經理去處理，事後會很有成就感。」而那個成就感大到可以讓巧愔忘記工作的辛苦，因為這是自己喜歡而有興趣的，即使辛苦也很開心。

後來一直在國外飯店管理業工作的巧愔，疫情期間歷經了返國、短暫在ICYE服務一段時間，而後又開始考量人生的下一步。「覺得我應該還有更多事情可以做，我在國外學的應該可以被拿來用，會覺得過去好像已經闖出了一番什麼，畢竟我在帛琉也闖盪了七年，會覺得好像沒有對自己負責……」很多時候，人會需要一個停頓點，一個逗號、一次休息，再重新出發。而彼時的 Gap Year 記憶又會再次出現提醒自己：不論是莫忘初心，還是曾經的勇敢。

過來人看Gap Year

巧愔回想決定做這件事時，Gap Year在當時的臺灣根本不普及，大家都問，「為什麼要浪費這一年？這樣就慢人家一年，會晚一年畢業、晚一年出社會賺錢……」即使所有人都質疑，但巧愔的父母從不質疑這件事情。這讓她很感恩，尤其是在她認為是鄉下地方的臺南，有這種觀念的人真的不多。大部分還是會選擇順著走，不要中斷學習，這是大部分臺灣父母的期望。

「他們的人生就是被規劃好，沒有任何意外，就是出生、長大、讀書、考好的高中、大學，最好出國念一個碩士，碩士完之後找一個公職、醫師、律師，這些讓你衣食無缺。買個房子，嫁個好老公、娶個好老婆，最好生兩個孩子，把他們養大成人，再規劃成你的樣子，然後一直複製下去……」巧愔帶著反諷意味，順口溜似地細數著我們再熟悉不過的路子，但臺灣年輕人似乎就這麼被迫接受按部就班、複製貼上的人生藍圖。在一路沒有絲毫喘息的人生道路上，什麼時候能有一個空檔去做想做的事？

反觀西方國家為什麼要鼓勵年輕人在十八、十九歲去Gap Year？巧愔認為是因為在那個年紀的可塑性很高、接受度很高、彈性很大。若是等到三十、四十歲再去，人生已經被定型了，很難再做改變。

相較於臺灣人Gap Year的年齡層很分散，巧愔認為某種程度上是我們正在轉換、正走向自由思考，不想再被既定的框架限制。因為大部分的人都是照著差不多的成長軌跡走過來，如果政府沒有提供資助而父母可能無法資助，便必須靠自己存錢。因此二十出頭可以出去當志工進行Gap Year的人，可能是父母認同而且可以幫忙支付部分費用。而二十六、二十七歲左右出去的人可能已經工作了幾年，為了一圓Gap Year的夢想，得先縮衣節食一段時間，再理直氣壯地花自己的錢，省得被父母叨唸：「花那麼多錢也沒拿一個文憑回來，什麼也沒有，就花一年去繞一圈，那是幹嘛？去玩嗎？體驗人生？在這個時間點是體驗的時候嗎？不是應該正是賺錢的時候嗎？……」短短幾句，巧愔說得直白，但不可否認這可能是臺灣多數父母會說的話，即使未脫口而出也是他們隱藏在內心的想法。

巧愔進一步認為臺灣的年輕人之所以年紀偏大才進行Gap Year，是為了自己、想要為自己做一點事情，但又不希望被父母情緒勒索。因此一直等到成長到某一個階段，自認生理、心理、經濟都可以擺脫家庭的束縛與責任時，才能展開行動做這件可能很早就想做的事。

謝謝你形塑了現在的我

◇義大利

被爸爸推了一把

說起來，珮甄的一趟 Gap Year 竟然與臺灣 ICYE 的成立有關，她是 ICYE 首批遠赴海外交流的交換青年。

三十多年前，ICYE 才剛引進臺灣，第一年便爭取到七個名額可以讓臺灣的年輕人到國外交流。一開始一切尚未上軌道，只在教會間招募。由於這樣的觀念在當時還非常新穎，連簡介也只有英文版，沒有人知道這個組織，也不知道要做什麼。只知道可以出去一年，實在難有很強的說服力，以致於一直招不滿額，只好再對外積極尋找願意嘗試的人。珮甄的爸爸就是從一個遠親那裡得知這個消息，便主動幫她報名。那時候她才十七歲，讀書就是生活的全部。下課回來聽到爸爸提起這件事，但卻無法介紹得很詳細。畢竟他也只是從別人的轉述中知道大概的訊息，就說讓她去試試。

珮甄事後揣測爸爸那時的意圖，「我爸爸是一個某方面也算是思想開放的人，就說『有這個機會哦，幫妳報名，可以出去一年』。他覺得接觸國際是很重要而且還不錯的事情。」珮甄的大伯很具國際觀，比如很早就培養孩子學習西方禮儀。當珮甄的爸爸得知他哥哥有在安排孩子「接觸國際」，但認為他自己可能沒有足夠的經濟能力可以送小孩出國留學，因此當他接收到這訊息時，覺得是可行的方案。

但被告知的當晚，珮甄是「蚪咧等」。她對於ICYE是什麼完全不了解，而且爸爸也沒辦法講得很清楚，當下她就拒絕了。但是又聽到哥哥說要不是他有兵役問題，有這麼好的機會他一定要去，而且他一定會去！因而讓她陷入一陣矛盾。

「我覺得我哥哥也才大我兩歲，他竟然就講這種話。我忘記是思考完隔天還是隔兩天，我就跟爸爸說『好吧！那你再問問看那個機會還在不在，我決定去了！』」珮甄覺得哥哥的話對那時候的她很重要，因為家人就像天一樣，如果他們都覺得沒問題，那她就覺得應該沒問題。「你爸爸、哥哥都站出來了，不是強迫你，而是用這麼委婉的方式在講的時候，就覺得好像很有道理。」一開始聽到這件事，被嚇到的是珮甄的媽媽。當珮甄拒絕時，她其實是鬆一口氣的。但聽到珮甄在思考後決定要去，媽媽反倒真的焦慮起來。

珮甄的爸爸倒是從頭到尾都很積極，而她都是事後才知道爸爸這麼關心。表面上雖然很冷靜，讓珮甄覺得沒事，要她安心。但爸爸卻在背後默默幫她準備很多，比如有機會就到處詢問臺灣哪裡找得到義大利的書籍或字典（當時有關義大利的相關出版品極少）。就在珮甄出發前三天還特地跑去高雄某教堂買到了一本字典跟一本薄薄的口語教學書。珮甄因此心也跟著大了起來，「反正語言工具有了，就放心出去啦！」

在國人出國風氣尚未盛行的當年，資訊尚且不足，有太多的不確定，放手讓孩子獨自出遠門是一個不容易的決定，而且一去就是一年。父母的擔憂與不放心，孩子內心的惶恐與不安，對雙方來說都是一次冒險。珮甄就在這種情況下展開她在義大利的 Gap Year。

她就是我在義大利的家人

初抵義大利，珮甄先到薩丁尼亞參加期初營，[1]沒想到一待就待了一個月。原來

1 期初營又稱語言營，各國報到的時間略有出入，將在交青們全數抵達該國後舉行，主要目的是協助交青們適應環境、認識彼此、學習簡單的該國語言、介紹自己的國家（Country Presentation）以及準備特色料理（International Dinner）的交流等。

當年赴義大利的人數爆滿，負責的機構沒有事先安排好接待家庭，只好讓大家都留在島上等待。由於遲遲無法獲得媒合，多虧熱心的ICYE南區負責人徵得家人同意得以暫時接待珮甄，直到為她找到接待家庭。

「我那時候語言能力也不好，不要說義大利文，我英文也不是很好，因為我都是笑著臉跟人家溝通，所以雖然他們都聽不懂我講什麼，但大家都很樂意跟我交朋友。」或許就是這樣的態度讓珮甄可以慢慢融入她們的家庭，最後還因此待了下來，而南區代表就成了她接待家庭的姐姐。

接待家庭裡除了姐姐之外，主要還有一個角色就是阿姨。她是接待家庭媽媽的姐姐，因為沒有結婚，與她們一家人同住。剛到時她的臉色不太好看，老是板著一張臉，原來是珮甄要住在她們家的事沒有徵詢她的意見。平常爸爸、媽媽去上班，姐姐去上大學，白天只剩阿姨在家。珮甄則被安排到一所五年制的學校上課，學校只上半天課，回到家大概才兩、三點。因此家裡便只有自己跟阿姨兩個人。那段時間往往就是阿姨整理廚房，而珮甄自己吃午餐。面對這樣的情況，阿姨卻沒有事先被告知，對她來說，珮甄是一個完全陌生的外國人。對於她的背景、個性、作息、生活習慣都不了解，該以什麼樣的相處模式來應對也毫無頭緒，在完全無法溝通的情況下，除了尷尬，或許還多了一些被迫的無奈。

珮甄算是懂得看臉色的人，為了化解尷尬，她想到自己能做的就是幫忙廚房的事，幸好她手腳俐落也懂得主動，看到阿姨行動較不流暢，因此要蹲低的、要拿高的，她就會過去幫忙。「有一次，她叫我去拿一個鍋子，要拿沒有手把的，她就說『去拿那個鐵鍋，沒有手把的』。她就這樣比畫，我竟然看得懂，我就拿對了，她高興得要命，超高興的，從此之後我就是她的麻吉了，真的。」珮甄描述得活靈活現，彷彿可以看見他們兩人在廚房的這一幕。

初來乍到，語言不通，如何彼此磨合與互相適應是雙方都要學習的一門學問。尤其當對方可能帶有些許敵意時，更需要尋找破冰的契機，主動釋出善意，對方一定能夠感受到那股真誠。儘可能嘗試以各種方式溝通，哪怕只是肢體語言，在彼此心領神會的當下，在雙方關係有所進展的那一刻，將會是最好的回饋。

後來阿姨不管做什麼事都會叫上珮甄，也因為學生比較多假期，因此平時與阿姨互動的時間很長，她覺得阿姨就是她的天。半年之後有其他縣市的志工來訪，按了門鈴詢問是否是Francesca（即接待家庭姐姐）的家？沒想到阿姨竟回答「不是，是Joyce（即珮甄）的家」。珮甄是後來才從其他志工口中聽到轉述這件事，「當時我臉上是沒有表現什麼，可是內心是開心得要命！我是被阿姨這麼地接受，因為一開始我真的有被阿姨兇過，有因為兇而嚇到……」從一個格格不入的外人到真正被認定為家裡的一份子，且是從當初頗有疑慮的阿姨口中得到肯定，更別具意義。這包含了全然的信任與認同，從起初的牴觸與轉折、互動，一路走來，珮甄深有感觸。

對阿姨而言，珮甄平時常扮演的是陪伴者的角色，陪著她出去購物，充任助手；而阿姨則將她視為小孩子般照顧，尤其表現在吃這件事上。「他們可能九點、十點才吃晚餐，但她一定八點半前就餵我了，怕我還在長大；中午回到家，阿姨就已經準備好堆得像山一樣高的義大利麵，每一頓喔！因為從小家教的關係，人家餵妳多少，我就吃多少，然後一個月後，姐姐就發現我整個人變胖了。」珮甄稱她從頭到尾沒有水土不服，因為阿姨將她照顧得無微不至，讓她覺得簡直跟在臺灣的生活沒兩樣。

還有一次也令珮甄印象深刻，冬天的時候，她覺得穿襪子會讓她的腳沒辦法施展，於是就光著腳丫子跑來跑去，阿姨很兇地要她趕快穿上襪子，擔心著萬一她生病了要怎麼向人交代！那時珮甄心想：「要跟誰交代？」後來再想想，應該是覺得會無法向她爸媽交代吧！

徹底剝去了對外人的戒心，阿姨完全把珮甄當成自己的孩子般關心，在每日的生活交集中建立深厚的情感。一個是遠赴異鄉的遊子，一個是家中孤獨的存在，基於互相的依賴與需要，填補了彼此心靈的空虛。日後回想起來珮甄總是深深感謝，曾經有這麼一個人，為她帶來溫暖與真誠的關懷，參與了自己這一段人生。

那一年，影響了自己三十年

珮甄回顧在義大利的 Gap Year，覺得受到接待家庭其中的兩個人很深的影響，且一直持續到現在。一位是除了平常照顧她生活面的阿姨，另一位就是照顧她精神面的姐姐。甚至為她建立了自己是「獨立個體」的概念。珮甄自己是在很後面，甚至已經回到臺灣之後才慢慢體會出來的。

她記得剛到接待家庭不久，姐姐便主動關心她是否還好，珮甄心想自己很好，不曉得她為什麼這麼問。但姐姐竟然說她的眼神很憂傷，問她是不是想家或怎麼了？此時珮甄才驚覺自己的情緒，也是從那時才開始懂得去正視自己的內心。

接待家庭的姐姐當下就注意到珮甄看似正常的外在狀態下所反射的內心，「是因為她才開啟我去關注自己，人家看我會覺得『這個小孩子怎麼這麼懂事啊！』可是另一方面就是，『她太懂事了，都只會照顧外在的感覺』，講難聽一點叫迎合，講好聽一點就是懂臉色怎麼去應對，可是就不知道自己需要什麼，我不知道自己的喜怒哀樂。」

是姐姐開啟了珮甄去審視自己：最近怎麼了嗎？真的很想家嗎？還是有哪道菜讓人有思鄉情懷？或是真的不喜歡那裡的生活……如果沒有姐姐的詢問，或許珮甄也不會去察覺自己的內心。她自我剖析在臺灣、還沒出國之前，自己就是一個柔順的小孩，成長過程中習慣滿足別人對自己的期待，從來沒有問過自己內心真正的想法。

「後來慢慢我會去思考『為什麼身為一個人？』也就是『我是什麼？』因為在我們的文化還有自己的家庭背景裡，會要你以關照別人為優先。比如有一次我跟媽媽吵架，認為她都沒有稱讚我。她就說『這樣多不好意思，哪有人在稱讚自己好的！』」這即是「我」跟「別人」的差別。在我們的文化中，我們活在一個要照顧別人、對別人負責的倫理之下，卻沒有去看待、體認「自己才是最重要的」。珮甄直言她到現在還在學，自從受到姐姐的啟發讓她去思考這件事，在日後每當遇到一些相關的情境就會開始覺察這些細節，然後慢慢累積。

珮甄對 Gap Year 那一年所帶來的意義與影響充滿高度的肯定與激賞。「我覺得超有收穫的！而且一直到現在已經超過三十年了，我每年都一樣，都覺得我有新的發現，都是在那一年幫我建立起來的東西。」在人生不同階段會遇到不同的人，珮甄發現，自己現在可以如此自在地與人互動，原來是在那一年埋下的種子。

結束 Gap Year 之後，珮甄仍持續與接待家庭保持聯絡。後來有一年她決定回學校讀研究所，接待家庭的姐姐在電話那頭便鼓勵她一定要離開自己的城市、離開自己的家，原本想以經濟考量而住在家裡，沒想到命運卻安排她到外縣市讀書。「那時候我不認為姐姐講得有道理，可是那三年半的研究所生活是我這輩子最開心的日子，因為我不需要去承擔我爸媽的喜怒哀樂，不是說我關懷人不好，而是因為我都把他們的喜怒哀樂當作我的責任，想要盡女兒的責任。」

珮甄在適度切割之後，又在學校修了心理學，正好學到：「適時與原生家庭切割，不是與他們反目成仇，而是自我的成長。」珮甄覺得那句話正好對照她那時的心境，整個人豁然開朗。原來那是一個很棒的禮物，讓她瞭解什麼叫學習與長大。她花了很長的時間才體會及學習如何正視自己的內心，不再凡事以他人為中心，那是一次重大的自我覺醒與心靈成長。在義大利那一年雖然是自己一個人去，卻承載著來自家庭滿滿的愛與關懷，讓珮甄覺得直到現在都有著極為深遠的影響。

過來人看Gap Year

「如果有人在跟我聊他們生命當中遇到瓶頸，我都會覺得可以給自己一個Gap Year。這並非指讀書上的，有時是工作上的。可以大膽地先放下，不要覺得捨不得。對於Gap Year，我非常正面鼓勵。」也因為這樣，珮甄所走的是一條較少人走的路。細數自己的求學歷程：五專中途停頓一年去Gap Year，畢業後先工作才考上二技。過了幾年才又再回學校念研究所，然而珮甄發現，這樣曲折的路並沒有比較差，順著走的路或許是最快的捷徑，但是要如何確定在做選擇的當下就必然是正確的？

回國後珮甄有一段時間也曾回到ICYE協會服務，因而對臺灣家長一些既有的想法有著深刻的體會。她覺得向有意願參加者推廣國際志工交流的問題不大，反倒是有意參加者在向家人溝通時，家長通常顯得很緊張。她曾在電話中跟家長介紹完，原本答應的，但最後還是沒有成行。「他後來想一想還是覺得不要浪費時間，小孩子還是好好讀書，之後要做什麼再說……這都是延緩你去做這件事情的藉口，可是最後不會讓你成行。因為當你畢業之後就會說『欸畢業囉！你該去找工作囉！』」即使孩子有意出國探索自己，但最終決定權還是掌握在家長手中，否決孩子可能已經反覆思考很久、好不容易下定決心所做的一個重要決定。

珮甄再以一個身邊的例子說明現在孩子與父母之間的衝突對立。一位將升大四的學生，正面臨去讀研究所或是去工作的抉擇。由於她的媽媽是老師，認為應該要繼續升學，而身邊的同學也幾乎選擇繼續讀研究所，但都不知道為何而讀：「因為也不知道要做什麼，所以只好先繼續讀。她覺得這四年來，這個科系讀著不怎麼有興趣，但她有一個很棒的興趣是潛水。她發現，在潛水時看到那麼美妙的海洋，帶給她愉悅，也帶給她一個未來的可能性。可是當她把這個想法分享給她媽媽的時候，被罵得臭頭。」原本女孩與媽媽的感情很好，但上大學之後，她媽媽開始有了更大的期待，覺得女兒考到這麼好的學校，當然應該繼續讀研究所最好。接下來就再唸博士……幫她一步一步規劃，完全沒有聽進女兒的心聲。

已經拖到不能再拖的大四，兩人原本的溝通變成辯論，最後變成吵架，女孩很難過，開始懷疑自己想從事潛水這件事情錯了嗎？面對女孩的自我質疑，珮甄以自己的例子鼓勵她，不要覺得自己這樣就是浪費了前面的生命，她現在正在做一件很重要的事情，就是去聆聽內心的聲音。「說到年紀，哪怕我現在快五十歲了，我都不覺得我這麼老欸，我都覺得在這整個宇宙當中，它只是一個點，我在二十幾歲……如果像妳在二十幾歲的時候就懂得自己要做什麼，我高興都來不及了！」珮甄真摯的話語給迷惘的青年帶來了很大的鼓勵與安慰的力量。

換個角度思考，現代青年在自我與父母之間糾結、掙扎，何時才能真正擁有自己人生的主控權？珮甄自己是在經過Gap Year及一些事情的歷練，直到研究所才體悟到，有時與家人保持一些距離並非壞事，這樣才知道如何開始去面對自己，才知道自己要怎麼活著；也直到自己結了婚，離開原生家庭，真正與父母有了實際的距離，才慢慢發現與他們的對話不再那麼衝，親子之間也因拉開距離而有了美感，變得能以另一種形式互相關心，也開始懂得彼此不能互相干涉，各自擁有自己的生活與選擇。

在困境中求生存 ◇德國

朋友「好康道相報」

睦迪的朋友曾參加ICYE去奧地利一年，回來之後對那段經歷大肆讚揚，讓他聽了深感興趣，覺得自己也可以試試，於是就在十六歲那年決定報名參加。由於年紀太小的關係，當時僅能參加School Program（即交換學生）。那一年有提供名額的僅瑞士、德國、奧地利與丹麥四個國家。他在考量志願國家的選擇上是先以排除法刪去用不到的丹麥語，留下三個講德語的國家，最後決定學習正統德文，於是便以德國為第一優先，由於早期（二〇〇〇年）這樣出國的機會很少，因此睦迪在收到訊息時就覺得一定要把握機會。

雖說是自己想去，但還是得通過父母那一關。睦迪便向父母講述自己的想法，沒想到沒有遇到什麼阻礙，很順利地取得家人的支持。「家人說我有一種『憨膽』。我國小六年級就曾經自己一個人坐飛機去美國找認識的人，所以算是有一點自己出國的經驗。我本身對於出去外面生活或去外面闖這件事情沒有太大的害怕，還蠻期待出去的。」正所謂初生之犢不畏虎，多的是對於到國外生活的美好想像。回到現實，即使根本不會德文，還是想去。「我想去！那時候只會講德文的一二三跟字母ＡＢＣ我就去了，那要怎麼跟人家溝通？我不知道，去了再說。」這或許就是睦迪家人說的「憨膽」吧！那時的他還不知道害怕，是後來遇到一些狀況才發覺，哦！原來不是自己想的那麼簡單。

做了決定之後，睦迪毅然決然在唸完高一便申請休學，即使出國這一年學業不被承認也沒有太大的掙扎。「回來接高二就好啦，因為也沒有把這件事情當作學業，我覺得『出去闖』這件事情，以及在國外生活一年比學業重要多了，加上我也不是一個功課很好的人，所以也沒有那種課業上的落差，能去當然我就去了。」家人從頭到尾的全力支持，讓一切水道渠成。

我不需要變成德國孩子

參加School Program就是直接將他送到當地學校就讀，對睦迪來說這是很大的挑戰，因為完全聽不懂！他自嘲在學校只有三堂課還可以，第一是英文課，多少聽一點；第二是數學課，他的數學在臺灣班上原本是吊車尾，但去到那邊則成了第一名。因為臺灣已學到三角函數，而德國還在學一元一次方程式；第三是體育課。此外便完完全全聽不懂了。有鑑於此，學校與接待家庭都認為這樣的學習效果等於零，於是就讓他先去上一個月的語言學校。但事實上即使上了一個月也很難有什麼起色，還是什麼都聽不懂，經過仔細考量之後便跟ICYE申請改當志工。一方面是當中還遇到一些問題，不只是學習上的。

睦迪的接待家庭是屬於德國金字塔頂端的家庭，爸爸是銀行家，家裡非常富有，一家八口，成員有爸爸、媽媽、四個女兒和兩個兒子。或許是想要有個男孩，因此第五個好不容易才生到男生，第六個則是領養來的男孩。睦迪感覺姐姐們對大弟比較好，其中有個姐姐更是很明顯地比較偏心，但一直想要有個哥哥的大弟跟睦迪很要好，當時他才國小，很喜歡跟睦迪玩在一起。

接待家庭很希望睦迪能與他們共同參與很多活動，但這對睦迪有很大的困難。「比如他們希望我週末可以自己出去走一走，可是我交通什麼都不會，怎麼走？對他們來講，好像一個外國人到德國去，就應該對什麼事情都很新鮮、對什麼事情都很投入。可是對我來講，這是一個完全不一樣的世界！」久而久之他們會對睦迪有一些要求，希望他能夠活得像一個德國的孩子。那幾乎成了壓垮他們之間的最後一根稻草。睦迪認為自己是去進行文化文流，不需要變成德國孩子。「姐姐也認為我不跟人家溝通、也不參與事情，不知道我來幹嘛。」經過一段時間相處，他們覺得他這個人好像怪怪的，與他們想的不一樣。

並非睦迪不願意溝通，而是語言是他無法跨越的障礙。那時睦迪連英文都不會講，接待家庭的英文固然很好，但他的英文卻很糟糕。睦迪回憶剛到德國的第一次營會，每個人要介紹自己的國家，他是硬著頭皮拿著自己做的字卡，把會的英文寫上去，不會的就按電子字典，比如I come from Taiwan，就把「臺灣」的字卡舉起來，以這樣變通的方式介紹自己與臺灣。

睦迪後來才知道，原來換到一個完全陌生的環境，大腦因為需要接收很多資訊，因此會比平常更累。這也解釋了他為何幾乎每天都要睡午覺，「他們覺得『你來這邊睡覺幹什麼？』但是時間一到我就是想睡，因為一直有新的訊息進來，後來我才知道這是很自然的身體反應，一直在接收新的信息，腦袋就會一直轉，也就很容易累，所以我總是在睡覺。」或許是文化上的差異以及接待家庭對睦迪的期待之間有一些落差，因此相處起來就顯得有些格格不入。

睦迪坦言當時並未對發生的狀況做出太多行動或試圖改善，因為他不知道要怎麼做。「我就不會啊，一來真的是疲累，語言也不通又人生地不熟，十六歲的我真的不知道該怎麼做，要怎麼樣跨出第一步，因為我不知道該怎麼做所以等於沒有作為，沒有作為對他們來講就是……『那你來幹嘛？』」接待家庭自詡有能力陪伴一個外國來的孩子，對睦迪的期望又特別深，因此加諸在他身上的壓力便更大。但後來睦迪自覺在他們眼中自己好像成了一個扶不起的阿斗，讓他們感到失望。

在這樣的情況下待了約五個月，睦迪便有了想換接待家庭的念頭，真正攤牌時氣氛鬧得很僵。他個人的揣測是，他們自認已經是德國最好的家庭，為什麼他想要換？這可能會讓他們覺得面子掛不住，從提出到尋找下一個接待家庭的尷尬期裡，日子還是要過。那時僵到每天吃飯被分配到的食物會比較少，冬天時他的暖氣時間也比較短。甚至最後，接待家庭的爸爸只送他到車站。睦迪必須一個人扛著所有的家當自己搭地鐵轉車到下一個接待家庭。他感受別人看他的眼神就像看到怪人、看到難民一樣。「那段時間大概是我最辛苦也最痛苦的時候，那時跟我爸通電話，電話一通，我眼淚就下來了，就很難過，他問我要不要回去，我說『不要啦！現在回去就等於什麼都沒了，我想要把這一年走完……』」一個人在遙遠異鄉遭受生活重擊與無情對待，可以想見對一個十六歲的青少年而言是多大的挫折。是提早體會了人情冷暖？對異國的幻想破滅？還是後悔來這一趟 Gap Year？

睦迪真真切切地體認到何謂在逆境中成長，因為他被丟到了一個完全求助無門的環境，包括必須用破英文跟當地的ICYE描述他的狀況，讓他們聽得懂，並請求協助更換接待家庭。也包含因為不知道該怎麼將觀光簽證換成志工簽證，只能無助地呆坐在德國領事館等。必須自己一個人面對所有的問題，這種在困境中求生存的經驗讓他一輩子難忘。

不只是家家酒

在換了接待家庭之後一切似乎有了好轉，睦迪對每一件事情都很感恩，覺得所有的關係都得來不易！那時住家附近正好有另一位來自宏都拉斯的交青在托兒所當志工。兩人在語言營認識之後便成了好朋友，因此便跟著他一起去當志工，並且在那裡發現了一個新天地。

他發現德國的托兒所與我們認知的有很大的不同。比起我們大多關在建築物裡面玩，他們會在戶外一大塊草地上釘上四根木樁變成正方形，再把它立起來，要小朋友自己拿木板去釘閣樓、釘牆壁，蓋成小木屋。「作為基礎的地基以及那些木樁一定是大人打或是機器打，必要的支撐會是大人做，可是剩下的地板、牆壁，甚至窗戶、陽台這些都是小朋友自己拿釘子跟木板去做，真的很好玩！」

睦迪在那邊體會到德國跟臺灣托兒所完全不一樣的教導方式，他們更倡導自己發揮創意。他們從小便強調實作精神，鼓勵自己動手、親身體驗。不因孩子的年紀小而受限，更沒有臺式父母可能會有的「敲敲打打太危險了、受傷了怎麼辦？」諸如此類的擔心與叨唸。對小小孩強調以「好玩」為出發點，並在一旁協助引導，讓他們自由發揮。「連蓋房子什麼都自己來，小朋友們是真的在蓋啊，很有意思。」臺灣父母對子女過度保護的心態存在於孩子成長的任何階段，不因孩子年齡增長而有鬆手的跡象。過多的擔心反而限制了孩子適性發展的可能。

就連原本完全聽不懂的德語，也因為和小朋友玩在一起而慢慢有了起色。「小朋友不會講英語，所以我後來就是直接跟孩子講德語，從他們的用字上去聽這些話要怎麼講。」睦迪認為跟孩子學語言最快，因為他們絕對不會笑你講錯，反而很樂意當起小老師，糾正該怎麼講。孩子們很友善，碰到會跟他們一起玩的大哥哥都十分熱情，也因為跟著小朋友一起學習而教學相長，這也是一大收穫。

當初因為溝通問題成為離開接待家庭的導火線，沒料到最讓睦迪苦惱的語言後來居然奇蹟似地出現轉機。因為半年之後他突然開竅，開始會講德文了！他先是花了三到四個月的時間學會講英文，靠的就是不斷地嘗試。直到期中營的時候，他才意識到自己居然是以全英文在跟大家說話。在場的交青聽到他以英文侃侃而談全嚇了一跳，因為大家知道他之前的英文程度。而後來學會說德文，他們又再次被嚇了一跳。

睦迪自認並沒有花費很多苦心在語言上，意思是指他並沒有真的坐下來抱著書苦讀，而是一直開口講。「我並沒有花時間在閱讀上面，但是生活中必須使用這兩種語言，一直催、一直催，就催出來了。我從來不害怕文法錯誤，因為不講會死啊！講死是比較誇張，但是當你生活中以及你身邊沒有任何一個人講中文時，不講話就會變成啞巴，所以就會想盡辦法去表達我想講的東西。」

德國有各色人種，因此看到亞洲人不會馬上將他聯想成外國人。這對睦迪來說是很大的衝擊，生活中所有人都會直接對著他講德文，除非要先坦承自己是外國人。睦迪曾經跟一個德國人對話，對方講德文，他講英文，到了中期已經可以聽得懂，因為聽力比口說學得快，到某個程度會變成有些話能夠聽得懂，但若要自己講則會不知道怎麼去組織成完整的句子。聽別人講不用聽整句，大概抓到一些關鍵字便可以知道對方在表達什麼。因此就這樣慢慢克服語言的障礙，或許這都要謝謝托兒所的小老師們呢！

過來人看 Gap Year

「當初只有『我想去跟我要去』，但是去了會發生什麼事情，回來之後會變怎麼樣，其實我完全沒有想。」一般人多認為可以學習語言，但對睦迪而言，不論是學習英文或德文都是必然的，那並非是他想去的主要動機。他認為那是出國那年一定會經歷的過程，但不是他要去的目的。他單純只是「我想去」，想去看看。至於回來會變成什麼樣？會經歷什麼事情？他其實並沒有太多設想。

就如家人所說，他憑著一個「憨膽」就去了。即使自知語言真的不行，但就是敢去。換作多數人可能會因此而卻步，但睦迪想去的動機很強烈。「有機會去為什麼不去？我把握住這個機會，而家人也有能力支持，就成全了。」睦迪覺得Gap Year回來之後跟過去的自己確實有很大的改變，特別在於自己的自信以及語言的表達等能力上有很明顯的提升。

睦迪十分肯定在德國一年的Gap Year，因為那是一個在臺灣的環境下完全無法經歷到的生命體驗。因為出去，才更能夠明白，他體會到海島國家有很大的限制在於我們要出國、要與外國人跨文化交流是一件需要特別安排的事，但在歐洲大陸則完全不需要，他們的出國可能就只是開車過一座橋。

睦迪認為歐洲與臺灣的觀念落差十分巨大，因為有太多他們認為理所當然的事，對我們來說一點都不理所當然。因此去了之後眼界被打開了，發現原來世界不是只有臺灣。「雖然我從小到大出國過很多次，但都是觀光，真的落地生活就這麼一次，我覺得那是個完全不一樣的生命歷練，所以有機會去，我絕對贊成，不管是用任何形式，只要是正常的管道出去，一定都會有很大的收穫！」

其中收穫最明顯的就是語言能力的大幅提升，變得敢說、敢講、敢表達。睦迪甚至覺得以前在臺灣的自己比較不會這樣，即使自認之前的自己在表達上算是還不錯的人，但到德國第一次被當啞巴，那感覺還是完全不一樣。

因此回過頭來會覺得自己不論是不是使用中文，「願意表達」是很大的突破，特別是對於下對上的關係。原本在家裡所受的教育是對長輩要尊敬，面對他們會不敢表達，但去到德國反而變成不表達就會吃虧，可能會被欺負。因此被訓練得敢對任何事情講出自己的想法。在敢了之後，這個「敢」就會變成在許多場合會主動為自己說話，就能影響未來的決定。

也因為這樣的改變，睦迪回到家裡大概有半年的時間與家人有些衝突，此即所謂歷經文化衝擊的W循環[1]後，最後回到家、回到自己的文化，又再次歷經反文化衝擊。[2]「剛回來那時常和我哥跟我弟吵架，在表達方式上變得很衝，就是我想到什麼就講什麼，想做什麼就做什麼，比較不會考慮他人，因為那個時候在德國就是這樣過來的……」後來大概花了半年多的時間才慢慢修復兄弟之間的關係。

1 文化衝擊（Culture shock）：又稱文化震驚、文化休克，指去異國或異地時產生的困惑感，一般分為蜜月期、過度期、調整期、適應／融入期四個階段，在模型上呈現W型。

2 反文化衝擊（Reverse culture shock）：又稱逆向文化衝擊、反向文化衝擊，主要指離開旅居地的人們在回到母國後需再次經歷文化適應的過程。對歸國者而言，先前受到的異文化與母文化的碰撞與衝擊使歸國初期面對母環境需要一定的時間重新適應本國文化。絕大多數經歷異文化洗禮的歸國者都會遭遇一定程度的再適應壓力。

面對反文化衝擊似乎比較困難，睦迪認為家人理所當然應該接納他，但事實上經過一年，他已經變得不一樣了。不論是自己或家人都必須有所修正、互相磨合，「畢竟又是回到過去的文化，所以其實是我又被同化回去比較多。」家人之間互相接納並重新認識已然有所成長的孩子，似乎是歸國者家庭必修的課題。

睦迪很常回想那一段經歷，自覺並不是一個目標導向型的人。很多改變與影響都是在那一年潛移默化中形成的，比如人格特質、思考模式以及表達方式等等，都已經內化了。睦迪甚至會回頭檢視自己過去的生命狀況，比如回顧高中生活、大學生活、求職以及後來的人生軌跡。有一段時間也因為那一年經歷的成長，而讓自己變得有點過於自負。等到長大一點再回顧時，會反省過去那些比較狂妄的言論與行為。

原本每隔一段時間就會自我回顧的睦迪，認為德國對他的影響更深，是因為他深刻體會到，原來有時自以為可以掌握當下的言行舉止，自認為成熟，但回過頭才發現，啊！當初怎麼這麼幼稚！「經過高中、大學，有一段比較狂妄的階段之後，我現在會儘可能要自己不要重蹈當初的覆轍。雖然現在依然會表達，但是那個表達已經內斂很多。」睦迪曾經因為過去的狂妄讓很多人受傷，也因而失去了一些朋友，所以才會常常反省、提醒自己，如果是現在應該要怎樣做得更好。

東西方Gap Year之觀察

對於東西方對Gap Year的態度以及實踐年齡各有差異，睦迪認為Gap Year在歐美行之有年。但在臺灣就是升學主義取向，國中念完念高中，高中念完念大學，什麼都是考上大學之後再說。睦迪印象很深刻的是，在德國念大學的人很少，大多都是上完義務教育就去念職業學校，學習一技之長之後就出社會。對德國年輕人而言，念書不是最重要的目的，而是學習技能及培養未來的生活能力。這讓睦迪覺得Gap Year對他們而言具有強大且實質上的意義，但臺灣年輕人似乎不被鼓勵這麼做，還是好好念書比較重要。

再者，歐美青年在跨國家或跨文化間進行Gap Year較容易，臺灣青年就相對困難，必須經過一番努力及安排才有辦法實踐，甚至要能做出這樣的決定也不是容易的事。特別是在睦迪出去那時二〇〇〇年的臺灣，不論是Gap Year、度假打工、交換學生等各項交流都不盛行的年代，要因此放棄學業一年，絕少能被大眾所接受。單就東西方文化來看，德國等歐美國家對於人生的追求目標或許比我們更務實一些。

德國年輕人的學習似乎較有明確的方向，多半在高中、技職體系畢業之後便投入職場歷練。進社會的時間較早，也很早就懂得思考未來，想得遠、想得深。因而讓人產生在同齡人之間，西方年輕人似乎比東方年輕人稍微成熟一些的感覺。反觀我們的大學生，多的是不知道為何要念這個科系，等到念完、拿到大學文憑再想辦法找工作。然而畢業那時已經二十二歲了。這就是東西方青年之間的差異之一。

那些芬蘭教我的事

◇芬蘭

過去想做，卻一直未做

「被分手」是志雯參加ICYE的契機。細想過去的生活重心都是和男朋友在一起，兩人交往了非常久的時間，直到二十九歲分手後，志雯才開始認真思考自己的人生。她想起了以前有一些想做，但一直沒有去做的事。

志雯先是參加了一個為期兩週的志工活動，去新疆一個偏僻的學校陪伴小朋友。他們的父母大多去遊牧，不常回家，因此很多隔代教養或有些狀況的家庭。志工主要是陪著小朋友帶一些簡單的課程與活動，比如介紹臺灣的民俗，透過這種方式深入當地文化。

有了那次不錯的體驗之後，志雯便一直搜尋其他志工活動，想再去遠一點的地方。在聽了ICYE分享會上，一位去丹麥擔任國際志工的講者分享的經歷之後，便覺得這似乎就是她想要的模式：不是團體出發，而是單槍匹馬，也不會全跟臺灣人在一起。因此，她決定報名。

原本填志願時想以丹麥為目標，但其年齡上限是二十九歲，而志雯申請時剛好過了三十，十分扼腕。後來在芬蘭、波蘭與紐西蘭三個國家中考慮，最後因為對聖誕老人的印象，加上志雯很喜歡聖誕節，因此便選擇了芬蘭。

靠交友軟體打開社交圈

在芬蘭，很多高中畢業後沒上大學，或是對未來還很迷惘、暫時不知道要做什麼的年輕人會去上Folk High School（Adult Education Center，民眾高等學校）。志雯覺得它的性質有點像空中大學，但不是線上課程，而是現場上課。這種學校幾乎各地都有，任何人都可以去讀，裡面的學生年齡差距頗大，從十六歲到六十歲都有。志雯在其中一所擔任志工，除了協助行政作業及其他課程之外，最重要的工作是每週負責上一堂中文課。

「每個學校都有自己的教學重點，像中部的學校，有騎馬、烘焙及戶外課程。而我們學校著重的是語言，有中文、韓文、日文，此外還有藝術、教育、文學類的課程。」原本以前都有開設中文課，但那年因為學生少便未開成。校長希望志雯可以幫忙一週開一次班，類似選修的性質，學生們有自己的本科，比如日文或韓文，但讓對中文有興趣的人可以選修這堂課。

原本以為教華語應該很簡單，但完全沒教學經驗的志雯，什麼都得自己想辦法。幸運的是她嫂嫂就是華語老師，正好可以向她請教。後來發現無法教得很正規，因為學生本身已有主科系，不可能花很多力氣在選修課上。因此便捨棄教ㄅㄆㄇ，改教對外國人相對容易的拼音，並儘量用有趣的內容引起他們的學習興趣。

「我那時蠻堅持的，希望他們每次來上課都會講今天星期幾、現在幾點幾分，但學了一堂課，又回去學日文或韓文，下禮拜再來一定會忘記……上課人數也從一開始的五個人，到後來只剩二個。」即使如此，志雯對於堅持下來的人卻讚賞有加，認為他們兩人非常認真，是真心喜歡亞洲文化。其中學韓文的學生很喜歡 K-pop，而學日文的則是很喜歡日本動漫。志雯也會適時分享一些臺灣文化，比如介紹我們的節慶以及原住民等等。

志雯所在的工作單位是偏鄉下的地方，吃住都在學校，加上學校只有她一位志工，其他就是學生、老師跟委員。礙於學生年齡差距很大，很難有太多年紀相仿的朋友，只有在單位提供的芬蘭文課程上認識幾位二十幾歲的年輕人，他們大多是移民，比如尼泊爾人、俄羅斯人。雖然單位沒有其他志工，但是偶爾會有營會可以認識其他國家的朋友，因此大家還是會玩在一起。志雯倒是很樂在其中，因為如此便可以很融入芬蘭的在地生活。

後來為了擴大交友圈，便開始使用交友軟體，因為芬蘭地廣人稀，人與人的距離太遠，無法認識別的人，因此很流行利用交友軟體去認識住在附近的人。「我覺得還滿幸運的是這附近剛好有年輕人，我知道很多鄉下年輕人也不喜歡待著，他們可能會到都市去，而我剛好有機會碰到，就可以玩在一塊。」

島國人民或許較難體會芬蘭的遠近概念。志雯以她所在的芬蘭南部城市為例，距離人口較多的首都赫爾辛基還得坐上三小時的火車。因此即使赫爾辛基有其他國家的志工朋友，光是見一面來回便得花上很多時間，雖然偶爾還是會見面，但也更促使她努力與當地的志工朋友建立關係。

志雯想起返國後回ICYE協辦回國營，[1]在分享會上，有個女生說她的朋友只有移民，像是移居者或是難民之類，沒有認識當地人，也沒有認識其他國家的人，她感慨不曉得去這一趟的意義何在。對志雯而言，到國外當志工是一個媒介，出去之後，要怎樣過、過怎樣的生活還是得看自己。必須自己去認識人，比如積極認識都市裡的團體，或是主動參加exchange café或language exchange等活動，都是很好的方式。

志雯分享自己的經驗，「因為我住在鄉下，沒有exchange café或language exchange，甚至連咖啡店都沒有，到超市得走半小時，而且路邊都沒什麼房子，就像森林一樣，夏天可以騎腳踏車，到冬天就只能走路，或是問同事可不可以搭便車。至於最近的公車站，就位在超市旁邊，但得先走到那裡才有……」正因為如此封閉的環境，所以更需要自己積極主動擴展交友圈。

1 協會為當年完成志工任務回國的交換青年所舉辦的營會，分享一年來各自在異國的交流體驗、心得感想與個人成長。

體會「被討厭的勇氣」

Folk high school不像正規學制或義務教育，是屬於比較自由的學校，要不要去上課並沒有強制規定，不上課頂多就拿不到學分，因此學生們的態度顯得鬆散，這也是志雯感到挫折的事。

「我上的畢竟不是主科，大家多少都會翹課啊，那時候其實有點受傷，因為全部的教材都是我自己準備的，我會很期待今天要教課的感覺。後來發覺來的人超級少，或是一個個說他有事的時候，就會覺得有點難過……」花費苦心認真準備的課程內容等著與學生們分享，卻沒有得到相應的重視，志雯心情的失落可以想見。

她印象很深刻，當時與一位芬蘭藉的英文老師提起這件事，說她很難過，不知道自己哪裡做錯了。「他不懂為什麼我會把錯先怪在自己身上，他覺得這件事很不對。他說：『你應該要知道，不管你做得怎麼樣，都會有人喜歡、有人不喜歡，這件事不是你的錯。』」那一刻正陷入打擊而心情低落的志雯覺得自己被那番話深深安慰到了，並將它牢牢地記進了心底。往後不論自己發生什麼事情，永遠都會記得這段話。

志雯覺得這有點像「被討厭的勇氣」，不要覺得被討厭是一件壞事。喜不喜歡都只是個人感受，不應該將問題歸咎在自己身上。就某方面而言，不曉得這是否為臺灣人或亞洲人的通病，遇到事情不論是非對錯，第一時間都習慣先譴責自己，而不是去追究事情的原委。似乎謙虛過了頭，變成什麼都先責怪自己，好像這樣就能得到安慰與釋懷。而芬蘭人則對此感到驚訝與不解，從這點就呈現了東方與西方遇事後面對態度的不同。

在最幸福的國家不快樂

聯合國每年針對全世界超過一百五十個國家進行調查，提出世界幸福報告（World Happiness Report），截至二〇二三年，芬蘭已經蟬聯六年冠軍。因此每當有人對志雯問起有關芬蘭人的幸福指數這件事，總希望從她口中得到證實，但事實卻可能令人感到驚訝。

「大家都覺得芬蘭人很幸福，都說芬蘭是全世界最幸福的國家，但事實上我碰到好幾個芬蘭人都有憂鬱症。那時我還陪伴一個男生走過他的憂鬱時期，還滿令人最印象深刻的，我沒有想到這個國家雖然表面上是一個樣子，但其實有很多內在的事情是大家看不到的。」即使有著最幸福國家的稱號，但也無法保證身在其中的每個人都很快樂。

就志雯近距離觀察，甚至覺得芬蘭人不快樂的比例算高，可能因為晝短夜長的關係，她碰到的每個朋友或多或少都有點狀況。他們會很自然的跟她提起自己有depression（憂鬱症），尤其在冬天更為明顯。因為夏天只有短短兩個月，遇到漫長又寒冷的冬天會覺得很難捱。加上人與人的疏離，因此感覺無處抒發。

「有一次我課上到一半，有個同學就突然說『老師，我要先走了，我有朋友要自殺……』，還有一個學生跟我說，他沒辦法來上課，因為他覺得特別痛苦，就是很怕人多的地方……我覺得在那邊碰到好幾個這樣的情形之後，我就發現，其實這件事在芬蘭是滿普通的事情。」志雯沒想到居然連自殺都可以坦然地說出口，彷彿大家都習以為常。

以前志雯並不會特別在意憂鬱症的議題，但她回國後開始關注，甚至發覺臺灣似乎有漸漸在改善。「以前從來不會聽到人家說他們有憂鬱症，大家會覺得這件事是不能講出來的。我覺得以前可能會覺得這件事很丟臉，我回來之後發現社會好像開始慢慢意識到心理方面的問題。」一些名人願意在媒體公開自己有憂鬱症，她覺得公開講出來是好的。可以喚起社會大眾的注意，進而去關心身旁的朋友，以及該如何去面對和協助這樣的人。志雯在芬蘭從一開始的驚訝，到回國後看到國內風氣的改變，覺得那一年讓她對憂鬱症有了不同的想法。

曾有報導指出歐洲人喜歡閱讀，時常可見他們在交通工具上或度假時人手一冊，沈浸在書中世界，因此感覺他們應該很善於獨處，善於排解無聊以度過漫長嚴冬。志雯認為喜歡獨處是一回事，但如果時間太長，就容易將事情悶在心裡，當事情積壓多了、久了就容易產生憂鬱。很大一部分也是因為地廣人稀，沒有辦法碰到其他的人，這或許是地小人稠的島國人民難以體會的困擾。

放下急、忙、趕，「找自己」

「我去的目的也是想要找自己吧！」志雯說出了大多數人Gap Year最大的目的。「大家出國就是想要找自己，但我後來覺得『找自己』是一個人生的課題，可能你永遠也不會找到。」志雯帶著遺憾的口吻說著。即使花了一年時間也沒找到自己，可能一輩子也無法找到。但她覺得，雖然不知道自己喜歡什麼，但經過那一年已經逐漸知道自己不喜歡什麼。會越來越想要過自己的人生，不想再屈就於某些事情。

志雯覺得那一年有點像是把自己的人生放慢，可能也正好過了三十歲，邁入人生的另一階段。透過那段時間的沈澱，讓自己的人生開始過得慢一點。「因為之前一直待在臺北，生活的步調很快，而且我還是一個規劃狂，不論是出國或是做什麼事都很喜歡規劃，哪個時間點要做什麼，比如幾點要到哪裡？要排隊多久？但自從我去了芬蘭之後，整個人都變了。」

最明顯的是結束志工工作之後，志雯進行了一趟環歐之旅。那段時間正好見證了芬蘭在自己身上所造成的改變。那是志雯第一次完全照著自己當下的想法移動，完全沒有預訂任何車票及住宿，除了確定何時要與朋友見面之外，大多都是到當地才決定要住哪裡、要去哪裡、要做什麼。完全放任自己跟著內心走，志雯的朋友都不敢置信，因為這一點都不像過去的她。「我今天覺得在荷蘭待得還不錯，想要再多待一天，就多待一天，不需要趕行程。我覺得這都是芬蘭的影響，以前我是不會這樣的。」一拋開過去的按部就班，志雯開始懂得享受隨遇而安的輕鬆自在。

志雯正面評價自己的Gap Year，也鼓勵後繼者去實踐，「我覺得不管用什麼方式都要出去看看，不一定要當國際志工，交換學生也可以，去日本或亞洲其他國家也都可以，但我覺得很重要的就是不要跟臺灣人在一起。」志雯覺得既然要出去就是要認識別的人、認識當地人。她覺得自己很幸運的是，在她服務的前半期，芬蘭還有兩位臺灣志工，彼此所待的城市剛好都有點遠，三人便約好三個月見一次面。志雯覺得這是剛剛好的距離，不論是實際距離或是心理距離，既有可以聊家鄉事的人，當遇到當地生活上的難題也可以互相討論或分享經驗。但平常不會刻意聯絡，不會黏在一起，這對尋求獨立的志工而言是最棒的事情。

志雯特別鼓勵出國就真的要了解當地，至少要試著融入當地的生活，「我覺得Gap Year最棒的事情就是你實實在在地在那邊生活」，這樣的時間與機會難得，要好好把握與珍惜，或許從中可以獲得一些對自我的想法與靈感。

重新融入臺灣生活

長時間待在國外，在返國後總會感到些許不適應，而每個人反文化衝擊的程度不一。志雯自認她的情況頗為嚴重，當初想趁著那一年 Gap Year 好好改變自己，然而卻覺得自己好像又回到原本的狀態。

當初因為公司狀況不太好，因此讓她留職停薪，回國後志雯馬不停蹄地回到原工作崗位，但接手她工作的同事正好請產假，因此所有工作便全部加倍回到她身上。那時感覺特別強烈，覺得大環境沒有改變，甚至更變本加厲。相形之下更覺得自己好像什麼都沒變就回來了，「我那時候就連看到芬蘭的照片都會哭，覺得自己為什麼要回來。而且又是臺北，因為臺北跟芬蘭是完全不一樣的地方。臺北就很吵啊，什麼都很快啊，芬蘭那邊甚至連一輛車都沒有，所以就覺得滿痛苦的。」志雯覺得回國後的一切都太快了，身心還未完全調適過來，在步調的銜接上又讓自己沒有任何緩衝與沉澱，因此對內心的衝擊才會如此巨大。

志雯環歐兩個月後再度回到芬蘭的那個禮拜，像是給自己的沉澱。趁著短暫的時光待在朋友家，就像回到熟悉的家中一般輕鬆自在。最後再一一向朋友們進行最後的道別，為為期一年的芬蘭行劃下句點。那時在心境上就已經感到萬分不捨。

「半年後因為公司經營困難，我就被資遣了。我也因為這件事想離開臺北，我在出國前完全沒離開過臺北，從小到大、甚至到大學都沒有。沒有在外面長住過，所以我朋友說我一走就直接到芬蘭，也是滿讓人驚訝的。」回國的心情尚未恢復又遭受失業的打擊，讓志雯再次有了想要出走的念頭。於是就在被資遣後的一個月，朋友邀她一起去花蓮。志雯也沒多想便跟著移居過去，她覺得那是芬蘭帶給她的改變，換做以前是絕對不可能這麼做的。

志雯一直覺得是芬蘭的經驗讓她變得勇敢，變得勇於嘗試、敢自我突破，「我雖然沒有找到自己，但我也因此變得更想做我想做的事。」志雯認清了內心真正的喜好，不再過於勉強自己，有如此深刻的體悟也不枉 Gap Year 一回。

朋友的意義

即使回國已經過了好幾年，志雯卻一直覺得自己還未能完全度過反文化衝擊，尤其在協助 ICYE 辦回國營分享過去經驗時，講著講著就很想哭。「因為自己很喜歡芬蘭的很多事情，我不知道如果是去那邊工作或是去讀書會不會感覺又不一樣。」會如此念念不忘或許是因為志雯非常努力融入芬蘭的生活所致。

志雯認為改變最大的，就是自己過去是身邊圍繞很多朋友的人。隨時都非常需要朋友，平常做事也很喜歡呼朋引伴。但在芬蘭之後就變得很喜歡一個人，就像她的朋友很驚訝她會一個人去環歐。因為以前她跟朋友出國，就連廁所的門都不太敢關，知道她特別害怕、膽小。

「芬蘭讓我整個改變了，我現在完全可以一個人在臺灣旅行，也很喜歡一個人到處去玩，認識不同的人。這些人有點像是一日朋友，今天碰到你，感覺還不錯，就彼此交換個聯絡方式，但我們不需要一直去維持這件事，我覺得這樣很自在，也不會害怕一個人。」從過去不喜歡一個人、很怕一個人，到後來的轉變，芬蘭真的對志雯帶來很大的影響。

志雯從芬蘭回來之後變得更會挑朋友，會思考哪些友情需要維持。因為要將更多時間留給自己，所以必須挑選志同道合的朋友。真正的好朋友可以三、四個月才見一次，不需要經常見面，時間會篩選出真正的好朋友。這是志雯覺得自己改變最大的地方。

享受芬蘭式緩慢

亞洲文化與歐美文化有很大的不同，原以為初到芬蘭會有很大的不適應。不料志雯還頗能融入，只有剛開始假日會不太曉得要做什麼。這對習慣在臺北生活的人而言，有時可能是一種難以達到的妄想。

「我滿喜歡芬蘭的緩慢，因為亞洲人的步調還是快啊，而且芬蘭有著與我們完全不同的想法、觀念與價值觀。」志雯覺得那邊的慢雖然是慢，但如果真要慢的話，就得做好準備。比如不想趕車，就要算好時間慢慢走過去，因此也會改掉一些習慣，必須提早做好規劃。又如想慢慢喝咖啡、吃早餐，就必須早點起床，才不會耽誤後面的行程。如此一來做事便更有效率，會知道什麼時候該做什麼事，有餘裕從容以對。由此可知芬蘭式的緩慢是有條件的，是一種經過計劃盤算，且努力實踐下所產生的悠閒狀態——讓生活得以不被任何小事催趕，能從容享受每個當下的幸福。

志雯也曾參加過臺灣人在芬蘭所組織的團體的聚會，沒想到居然不太習慣，覺得臺灣人好吵。因為她待的地方太安靜，才意識到臺灣人講話比較快，嘰嘰喳喳的感覺。但芬蘭人似乎都很慢，經過一段鄉居時光，志雯顯然十分融入當地生活，已不習慣臺灣的節奏。在去完那場聚會之後她竟感到有點奇妙，有種跑錯攤的感覺。

過來人看Gap Year

與志雯同梯的志工中有一批是來自EVS（European Voluntary Service）的國際志

工，他們是由歐盟贊助年齡在十八至三十歲的歐洲青年，可以申請兩個月到一年的計畫。在芬蘭會安排他們與ICYE志工一起參加營會，志雯發現這群學生大概都是要上大學的年紀，他們的Gap Year就是到另外一個國家擔任志工，尋找自己想做的事情，或者只是純粹去體驗。

志雯在去芬蘭的飛機上碰到一個女孩，聊到她考上了大學，但決定晚點再去，她想利用半年到一年的時間Gap Year，去做她想做的事情。她想參與一個計畫，決定去試試。志雯覺得臺灣的Gap Year比較像是到另外一個地方或國家壯遊，以致於對Gap Year的印象變成是去旅行或玩樂。「Gap Year應該更像歐洲，利用這一年去找自己想做的事，或是一直想去嘗試的事、想要嘗試的生活……」

以臺灣較多人去的澳洲度假打工為例，常給人一種帶著積極目的性的感覺，相形之下同樣是到澳洲，歐洲人卻好像比較隨性，照樣打工，但也不會完全以此為目的，並沒有自我設限非要如何不可。志雯覺得這或許是亞洲人的個性使然，似乎做什麼事都要有一個目的，如果沒有目的，就名不正、言不順，可能會招來「浪費人生」的耳語，很難單純只以一個「找自己」這樣難以被大眾接受的空泛名義出發。

此外志雯也覺得這與亞洲人的觀念有關。在臺灣習慣高中畢業就上大學，接著便開始工作。很怕如果沒有跟著一起走會輸人家一步，會沒有年資。「今天決定要去Gap Year，別人會問我有什麼目的，所以我才會這樣做？要去解釋我不是浪費人生，不然人家就會覺得你這一年到底在幹嘛？」臺灣青年必須對別人交待自己行為背後的目的與理由，甚至要說明可以帶回什麼實質可見的「收穫」（比如文憑、一桶金）。如此才可以名正言順地交代這一年沒有虛度，不會只是一段浪費時間、金錢的空白。

志雯曾經在行前營[2]聽到有個女生分享，她身邊的朋友都難以理解為何她要去做這件事，覺得她這樣就浪費了一年，而那女生才二十六歲。「二十六歲也會有人覺得是浪費人生？那是三十歲後才要擔心吧！我覺得其實三十歲後才出去才是最勇敢的，我真的覺得年輕人出去根本就沒有什麼好擔心的。」三十歲之後加諸在身上的包袱只會越來越多，比起二十幾歲想跨出去更有難度。

另一方面，志雯對於東西方年齡的表達方式亦深有感觸。「在臺灣我們會講我已經三十了，你是說『已經』三十，但他們那邊會說『才』三十，他們覺得三十歲可以

2 每年協會會為即將出國的準交換青年舉辦營會，說明出發前的注意事項以及應有的心理建設，讓交青們提早做好準備以面對異國環境可能會碰上的各種狀況。

去做很多事情。但這邊就會覺得你已經三十了，應該要定下來。」志雯覺得東西方在這一點的態度差距極大，那時候每個人聽到她三十歲，會說「還很年輕啊」，但這邊就是「妳已經三十了哦」。對於年齡所展現的不同態度會影響一個人的思維與行動，很多時候臺灣人似乎被這層隱形的規範給限制而不自知，不曉得其實人生還有很多可能性。

芬蘭人悄悄話1－謎之社交距離

一般人普遍有種芬蘭人比較冷漠的印象，志雯覺得要看人，「當他們把你認定為朋友之後就會真的跟你很好，是真的很好的那種，但必須要夠熟。」

曾經在網路上流傳芬蘭人有一種謎樣的 social distancing（社交距離），在志雯眼裡那倒是真的。「在朋友家，我從來沒有搭到一部裡面還有別人的電梯，因為芬蘭人不喜歡跟別人一起搭電梯，會先在自己的房子裡聽，如果有別人搭電梯，他們就不去搭，一聽到沒有人就趕快去……」原來他們是不想與人打招呼，會儘量避免與他人面對面。久而久之這樣的特殊習慣便成為芬蘭人的共通特性。

但志雯倒是有著特殊待遇，「我走在路上會有人跟我打招呼，我芬蘭的朋友都覺得不可思議，說他在那裡待了三十幾年，從來沒有人跟他這樣打招呼呢！」志雯推測可能是因為亞洲人看起來比較稀奇，而且當地人覺得志雯的年紀很小吧，在外國人眼中，亞洲人看起來都比實際年齡要小。

芬蘭悄悄話 2 - 北歐風

北歐風格總括一句就是「簡約」。志雯發現芬蘭人家裡的東西很少，顯得很乾淨。他們通常會有個專門的儲藏櫃，將不用或少用的物品收起來，因此呈現出來的空間就很簡單。加上他們很喜歡居家佈置，會放一些頗具巧思的傢飾品點綴，於是就形成了現在流行的自然簡潔北歐風。相形之下臺灣很喜歡東西堆一堆，全都捨不得丟。志雯回國之後，便覺得家裡超亂，看了全都想丟掉。

從肯亞開啟的世界

◇肯亞

趁自己還敢的時候

回憶當年選擇去肯亞，詩茹坦言是受到高中同學的影響。同學是參加ICYE去墨西哥，而那時詩茹工作已有一段時間，正在思考轉換跑道。同學剛好提起那段去國外的經歷，分享了當志工的生活，讓詩茹覺得自己或許也可以去試試，了解其他文化。

在接收到訊息時，已是計畫收件的最後階段，那時詩茹仍在工作。一方面抱著想挑戰的念頭，一方面考量年紀，覺得三十歲了，該趁著自己還敢的時候嘗試不一樣的事。因此，即使作業時間很緊湊還是做了努力，直到申請通過，才在出國前三個月辭掉工作。辭職對詩茹而言並沒有太大的困難，她認為回來後應該還是會有其他工作機會。

她一直等到要去的國家確定後，才正式告訴母親。「剛開始她有比較擔心，但也只是一下下而已，因為我之前自助旅遊的地方都是去像埃及那樣的國家，所以可能我媽也覺得還好。」對家人而言，去非洲可不像去歐美國家，當然不免有些擔心。但經過查詢去了解這個國家之後，發現並不像想像中很落後的樣子，而是歐美人士喜歡去度假、觀察野生動物（safari）的地方，就覺得比較安心。

由於詩茹之前的工作便常與歐洲、美國有業務上的聯繫，因此不會特別想再去相同類型的地方。在決定志願時，除了以中南美洲國家為第一志願之外，就填了非洲幾國，甚至完全未將歐洲列入考慮。翻開過去ICYE的派送歷史，僅有極少數的人選擇去非洲，其中一位去的時間非常短暫，因為適應不了當地的生活，待不到幾個月就先回國了。

經過協會的詢問與鼓勵，既然詩茹的志願國家不同於其他人，是否願意跳過前面幾個志願，建議她直接挑戰去非洲肯亞。詩茹考量肯亞也列在志願的前幾名，而自己主要想體驗完全不一樣的國家與文化，因此在大致了解之後便欣然接受。

想幫助更需要幫助的孩子

剛到肯亞，詩茹被安排在一所私立幼稚園，與兩位單親媽媽同住。實際工作起來她覺得可以勝任，但一兩個月之後便覺得那裡的小朋友並沒有真的特別需要協助，自己似乎沒有太大的用處。

當時詩茹一直抱著要去協助他們的想法，將一切想得十分理想化。但自從感覺自己有點使不上力時，便開始有了不同的想法。首先申請更換接待家庭。因為她覺得兩位單親媽媽雖是想讓小孩有機會接觸外國人才擔任接待家庭，但是她們的經濟狀況很不理想，常會跟她借錢，因此詩茹認為有點不太適合。後來她換到一個老師的家庭，雖然對方人很好，但詩茹覺得還是有更換工作單位的必要。因此便申請換到一個ICYE從來沒有人去過的、很偏遠的地方：由天主教贊助的身障兒童之家。

肯亞從一年級到九年級實施義務教育，每個適齡的孩子都必須上學。可是鄉下地方的小孩要上學很不方便，要步行很遠才能到學校，對肢體障礙的小孩來說相當困難。天主教在鄉下擁有較多信眾，因此有幾個教區的神父與修女會去做家庭拜訪，發現有一些肢體障礙的小朋友被迫待在家裡，沒有去學校上課。於是神父就為這些肢體障礙的小朋友在學校旁邊蓋了宿舍，還安排保母協助他們的生活起居，讓他們可以不用長途跋涉去上學。

由於那是神父推動的計畫，並沒有配任何修女或修士，必須有學校的老師做初步的協助。同時還有一位house mother（保姆，舍監）幫忙，老師和神父僅偶爾會過去照看，因此很需要志工加入。就詩茹所知，像這樣子的計畫在當時的肯亞西部就有三個，她便換到了其中一個。那邊的小朋友，依臺灣的算法應該是從國小一年級到國中三年級，但因為那些身障的小朋友被發現時，都已經比他們實際就學的年紀還大了，最大的大概已經十七歲，但卻還在念五六年級。

在奈洛比遺失了一整年……

換到鄉下後詩茹覺得與自己當初的想像比較接近，甚至比較習慣。她自覺年紀已經三十歲，不像同期一些剛畢業在進行Gap Year的高中生，會習慣與住宿家庭同住。她自己習慣有獨立空間，又可以跟小朋友在一起。除了休息，大多數時間都是陪著他們，感覺做的事情也比較有意義。

在去之前，詩茹並沒有對肯亞帶有刻板印象。因為她有自助旅行的經驗，過程中常要注意很多事情。肯亞就跟她原本的想像相距不遠，治安則比她想的要好一些。「大家都覺得之前奈洛比（肯亞首都）的治安很糟糕，所有認識我的當地人都跟我講說，我要走很快啊，東西不可以拿在手上，要很小心，在奈洛比真的是這樣。」因此待在奈洛比的第一個工作單位時就有多加留意。

待了一陣子之後，詩茹發現友人的說法有些似是而非，至少城市與鄉下的差別很大。「比如我帶了一臺筆記型電腦，放在鄉下工作單位的房間，即使窗戶開著也不會有任何問題，錢的方面也是；但要回臺灣的前一個月，學校的學期結束趁著放假回到首都，我把筆電也帶去，就放在當時男朋友開的五穀雜糧店裡，中間出去吃個飯，回來就發現筆電整個不見了，被偷了！沒有找回來，很多東西都沒了……」

對於出國一年的志工而言，筆電無疑是最重要的物品。它是唯一可以用中文記錄、存放與書寫的媒介，等於保留了那一年所有重要的紀錄，最後僅剩下幾封寫給家人的信件，「當時（二〇〇三年）還是用老舊的磁碟片，有存了幾封信在裡面。因為我住的地方完全沒有網路，可能白天才有電，晚上就沒電，所以如果要寄信跟家人聯絡就必須花半小時到一小時的時間進城。」由於網咖不能打中文，詩茹不想帶著筆電跑來跑去，還要做一些麻煩的設定，為了方便，通常會把打好的書信存在磁碟片，直接寄附檔，不需要花太多時間在網咖，畢竟分分秒秒都要計費。

筆電不見之後，最終只剩磁碟片的資料保留下來。那時詩茹還帶了DV，拍了很多小朋友的影片，也帶了才剛問世的數位相機。因此沒有傳統相機的她，大多數的數位照片也跟著全部消失了……

關於Gap Year那一年記錄的點點滴滴，似乎就隨著筆電一起消失了。詩茹倒看得很開：「也還好啦！就是生活嘛。存不存檔，只在於要不要再回去看。生活其實都很忙，你也不一定會回去看，反倒是記在心裡面的比較重要吧。」當你曾經深刻地在當地用心生活，那些發生過的片段、人我之間的情感交流，以及建立的珍貴友誼並不會因此消失。最終透過時間的淘選，那些重要的回憶，將永遠留存在心底。

站在他們的角度思考

詩茹覺得剛到肯亞時，自己有點過分驕傲了。心裡一直覺得去非洲、去中南美洲是去幫助別人的，希望盡自己一份心力。心裡一直抱著這樣的想法，直到換到第二個工作單位，那裡的小朋友改變了詩茹很多觀念。

在臺灣以及進步國家會給身障人士很多支援，比如會設置身障斜坡及無障礙空間等。在詩茹服務單位裡的小朋友，大多不算很重度，有的是沒有手或沒有腳，有的則是頭部天生有點畸型或是手指黏在一起等。這些小孩子在中心裡都很開心，因為他們好不容易可以出來上課。保姆的工作不是照顧他們，而是教他們怎麼自主生活。比如沒有腳，但是可以用手當腳來前進，儘量讓他們不用依靠別人。「有一個女孩子那時候是二年級，她出生時手就長得不全，只有在肩膀上有個小小的手指頭而已。可是她的腳力氣很大，所以她跑步、運動都跟男生差不多。」

當地常會有來自歐美國家的資源，比如美國教會、荷蘭教會等會捐贈一些物資。當年教會的人就來了兩次，從美國帶了蠟筆、彩色筆等文具，因此週末時詩茹就和小朋友們一起著色、畫畫。當時她讓他們畫自己的手指頭，就是先用筆描繪自己手的形狀後再著色。「那時候我已經跟他們相處了幾個禮拜，讓我覺得他們不是身障小朋友，正常來講，你知道很多小孩子的手都是不健全的情況下，不應該要他們去畫十個手指頭這種很敏感的事情，一般肢障者可能會覺得我們是在嘲笑他。」但詩茹那時沒有想到那麼多，覺得和小朋友相處得很愉快，就來玩這個遊戲，順便教他們講各個手指的英文等等。

「畫畫的時候就有小朋友跑過來問我，『可是我的手指頭都黏在一起，這個要叫什麼手指頭？』另外一個女孩也說，『可是我的手指頭只有在這邊，那我要怎麼畫……』」由此可見這些小朋友都可以正視自己身體的殘缺，還可以和詩茹討論。因此在中心裡，小朋友真的是很開心的。

在那裡，每個人都有一點點與一般人的不一樣。

他們白天到學校的時候會比較辛苦，因為每個人都是到自己的班級去上課。他們上的是普通學校，班上百分之九十九都是一般學生。一開始詩茹不懂為何他們的進度會如此落後，每次考試成績都很差，為了瞭解小朋友的上課狀況，詩茹經過同意便跟他們一起去上課。發現平常在中心很活潑的孩子，上課時就不講話，因為那時候的他們感到很自卑。

「這讓我覺得，與其幫助他們，應該讓大家學習去習慣他們，這個工作單位很好的用意就是幫助他們去上學，讓他們的同學也都知道有這樣的人，沒有把他們安排在身障學校，而是讓他們在正常的環境下學習怎麼去適應、怎麼去生活。」在進步國家是盡量為他們營造舒適的環境，但是在那樣的環境下，是否就真的對他們好？他們需要的或許不是如何提供幫助，反倒是我們要學習如何以正常人的眼光看他們。

以前認為應該要設法改善他們的生活，但詩茹覺得其實他們的生活已經很好了。有時小朋友常會在上課時問她一些問題，比如講到紅綠燈，他們就問為什麼會有紅綠燈？因為對他們而言，鄉下不需要紅綠燈，他們無法理解這個東西；又如飛機，也會覺得為什麼要坐飛機？他們覺得飛機唯一的好處便是可以飛過去看他們。「我覺得如果以另外一個角度來看，原本他們的生活環境是很自然的，在很自足的情況下就很開心，但是給了太多的資源或現代化的東西，反而會造成他們的慾望，有了慾望就開始會不開心。」以前詩茹會覺得他們是因為缺乏什麼就會不開心，但是其實是給太多，反而讓他們不開心。比如小朋友很喜歡踢足球，沒有真的足球，他們就會用很多回收的塑膠袋，一層一層地綁，去綁成一顆球來玩。後來教會提供了一些球，但因為中心四周圍有鐵絲網，容易不小心戳到就破掉，或是常常需要打氣，這也讓詩茹思考，這真的是他們需要的嗎？

又如荷蘭教會曾贊助了一臺冰箱，但因為當地電力不穩，有時白天有電、晚上沒電，到半夜才會又有電，便讓人思考贈送冰箱的意義何在。後來冰箱就成了衣櫃，用來擺放小朋友的制服跟幾件一般衣服。或許捐贈者應該多一些思考，在援助之前是否一直以自己的角度與立場提供了他們可能不需要的東西。

臺灣人的國際觀

Gap Year帶給詩茹最大的收穫是比較具有國際觀。「臺灣是一個島，更慘的是臺灣的新聞永遠都只是臺灣的新聞。而肯亞雖然電視台不多，但或許是外籍人士多，他們會買國外的新聞，白天常會有DW頻道或是法國電視台，我們真的國際觀差很多。」詩茹還發現臺灣人在與人對談上，聊的內容都很侷限、很貧乏；但肯亞人卻恰恰相反，因為肯亞的種族非常多，共有四十幾個，每個種族都有自己的文化，處在這樣大融合的社會下，大家常需要設法互相瞭解、去討論事情、彼此適應。

「我在肯亞跟陌生人聊天時，常會覺得他們有很多話題可以跟你談，因為他看的、接收到的新聞很多。有時候我都會懷疑，他們怎麼會知道這方面的消息？」但再問到臺灣人，大家關注的多是新聞有報導的消息，比如Covid-19，但有多少人知道烏克蘭的狀況或是東加的狀況？甚至連東加在哪裡都不知道。詩茹感嘆，如果長時間生活在臺灣，真的會完全沒有國際觀。

臺灣人大抵只會看到新聞報導中的臺灣、中國、美國與日本，其他國家一概不知。「就像我後來回來臺灣從事旅遊業，我跟人介紹我先生是肯亞人，他們就會說『哦——南非』，他對非洲的認知就是南非。其實非洲比歐洲還要大，怎麼大家的觀念還是那麼狹窄？」而這些人也都從事旅遊相關行業，但所知還是如此有限，對此詩茹感到不可思議。

由於之前工作的關係，詩茹長時間都與歐美人士聯繫，她感覺很多臺灣人在面對外國人時會呈現不同於自己人的態度，比如與國外的工作伙伴開會，會覺得他們的想法都是對的，會將他們的需求視為首要。她認為臺灣人對外國人都特別好，甚至常有「臺灣最美的風景是人」的報導，但對自己人反倒沒那麼好，這是臺灣一個很大的問題。「我一直覺得我們臺灣人為什麼要另眼看待外國人，不是應該平等對待嗎？就是你對臺灣人跟外國人都一樣，都一樣的好或一樣不好，他做錯事你也應該是同樣態度，而不是對他們特別寬容。」

詩茹認為這或許是我們的國際觀還不夠寬廣的關係，當有了一定的國際觀，應該就可以平等對待所有事情，而不會在眼裡看到別人都是好的，碰到外國人便先矮一截，而習於自我貶低。

為自己而 Fight

詩茹發現我們臺灣人有什麼事情似乎比較容易放在心裡不敢講，尤其碰到主管是外國人時，比較不會去爭取，也不會覺得應該要做一些改變。一起開會時也都不講話，但其實私底下都有意見，就會自己悶住不講。「其實那一年在非洲的時候，剛開始我發現我自己也有這個問題，就是我心裡不開心，我也不講，我自己很不喜歡這樣的感覺，所以後來我就會漸漸去改善。」

詩茹很常遇到當地人開口跟她要東西，機率非常頻繁，她卻因為不好意思拒絕便被硬生生拿走，但其實內心是不太願意的。她覺得有些東西是自己的就必須要去捍衛。「可以跟他說No，因為對他說No，他也不覺得怎麼樣，他就會明確知道不行；如果回答Yes他就拿走了，但如果說No，他也沒有損失啊，反正那本來就不是他的東西。」由於當地人很習慣開口要，不怕被拒絕，因此那一年讓詩茹深深覺得自己的權利必須要學著去捍衛。

此外還由於膚色不同的關係，只要不是黑人，在當地就會被當成有錢人，坐巴士常會被警察攔下來，要求下車、要求打開包包檢查是否有帶違禁品。詩茹說如果發生在臺灣她可能也不敢反抗，但在肯亞就覺得應該要捍衛自己的權利。「後來我就跟他說：『你憑什麼叫我開包包？我可以下車檢查，我可以給你看我的證件，證明我在這邊不是非法居留，但是你沒有任何理由要我打開包包。』」即使警察很兇，詩茹也敢據理回嗆。

外國人被要求打開包包檢查是有原因的，因為他看到了包包裡面的東西便可以明目張膽地要。「比如在檢查行李的時候就會說，『我也沒有那個東西啊，你可不可以給我？』之類的，他們覺得這樣的行為ＯＫ。但是，我也可以說我不ＯＫ。」正因為如此也讓詩茹的想法有所改變。再者，人都是平等的，沒有人應該無止境地滿足所有人的需求，無論是面對周遭的人或是毫不相關的執法者。由此詩茹也進一步反思臺灣人真的要懂得適時爭取自己的權益，不應該做一個沈默者。

過來人看Gap Year

對於Gap Year，詩茹給予正面評價。建議在執行前必須先做好心理建設，先確定自己要去做什麼，即使當初她也沒有特別想做什麼，但期許自己要學到不同的東西。詩茹大部分認識的都是去非洲的志工，或是從肯亞去歐洲的志工，大家都是想體驗不同的生活和文化，希望回國後能有一些新的想法與啟發，但反觀國內有很多人單純抱持著因為喜歡那個國家才想去，詩茹直指若只是因為喜歡，那麼去旅遊就行，不一定要Gap Year。這說明了兩者在心態上是完全不同的。自己必須認清，Gap Year對每個人來說都可能是不錯的體驗，但在去之前必須詳加思考，要帶著比較成熟的心態前去才能更有收穫。

三十歲那年為Gap Year所做的決定，是選擇了遙遠而少人去的肯亞而不是鄰近的亞洲國家，「以前比較驕傲吧，覺得自己很行，就想做跟人家完全不一樣的事，覺得那樣才叫挑戰；現在我覺得，其實並不是要完全征服才叫挑戰，哪怕只有一點點不同，還是可以從中學到很多東西。」詩茹經過了歲月的淬鍊，在心態上已經與當年有很大的不同。

當時完全不會考慮選擇鄰近國家的詩茹，如果現在再讓她重新選擇一次，她或許會做出不同的選擇。「如果有機會，而且只剩那個機會的話，我會去，但是我可能會去比較鄉下的地方，遠離一線城市，比較能夠真的接觸到他們的環境，去了解當地的文化。」因此就算選擇去感覺相對熟悉的日、韓等國，只要有心，還是可以有所收穫。

對於臺灣大部分年輕人都是大學畢業之後才去Gap Year，她認為如果可以更早、在高中時期就出去會比較好。因為很多人大學所念的科系，與未來從事的工作或想做的事完全不相關。在課業壓力或家長期待下渾渾噩噩念完四年大學，對自己的人生是否有幫助？

「如果把Gap Year往前挪到高中升大學的時候，雖然當時的心智不是那麼成熟，但對未來讀大學的思考，一定會和一般人有所不同。我覺得我們亞洲國家念大學都是因為考上這個科系，或是非要念這個科系不可，可是真的去念了之後發現完全不一樣。」即使詩茹建議Gap Year的時間再提前一些會比較好，但也坦言在臺灣不是那麼容易，因為我們的社群壓力很大。

相較於國外，詩茹認為臺灣的觀念還是比較僵化，家長只會願意讓自己的小孩去當交換學生，還得要承認學籍才不會浪費一年，否則大多不會答應。

除了東、西方觀念的差異，詩茹還覺得年齡也是一個比較大的問題。之所以鼓勵高中升大學階段就出去，是因為對未來大學四年，甚至選科系，還有之後整個人生規畫都可以更早開始。而不是念完大學再去Gap Year，才發現過去的努力其實跟自己真正想走的路不一樣，又得再重新規劃，因此「年紀」有著重大影響。

此外還有獨立性的問題，臺灣家長對孩子的管束，造成他們缺乏獨立性，家長也沒辦法接受孩子十幾歲就出去。但是對西方文化來說就很普遍，年輕人是申請就直接去了，也不會有太多跟家人的牽絆與拉扯。由此可看出兩者獨立性的不同。

站在非洲大陸看自己

◇迦納

想去，去不了的非洲

侑倫的 Gap Year 之所以能成行，來得有點輾轉。

二十五歲那年，侑倫從教會的一位神學生那裡得知相關訊息。原本兩人許久未見，再遇到時正是對方結束 ICYE 志工工作才從義大利回來，便和侑倫提起這個機構及所從事的事，那時他才開始去瞭解以及思考自己參加的可能性。

「他在義大利好像是住修道院吧，在那個時代住修道院，然後看出去就是草原……」對比絕大多數臺灣青年十分枯燥而貧乏的生活，一邊聽著朋友的描述，眼前彷彿開展出電影般遼闊的場景與畫面，充滿對異國生活的想像，也勾起了侑倫潛藏在內心的渴望。

當時的侑倫即將大學畢業，正面臨著人生下一步該如何走的徬徨。幾經思考，最終他下定決心報名，沒想到時間來不及而錯過了當年的甄選，只好再等一年。隔年，一切順利進行到選填志願的階段，卻讓他遲遲無法抉擇，直到最後一刻才匆匆提出申請表。將迦納等幾個非洲國家列在前面，侑倫心想：「如果上帝沒有要我去非洲，那麼第四或第五順位的德國或義大利應該就有機會吧！」就這樣侑倫決定了他志願的排序。

侑倫並未循著朋友的腳步前進歐洲大陸，反而想著去非洲，「那時候考慮的就是歐洲、美洲，總覺得自己年輕啊，只要有時間、有錢都可以去，但非洲去不了。」言下之意是指相對於歐洲而言，非洲對我們太過陌生。即使是旅遊亦不普及，且有一定難度，再者當年（二〇〇〇年）提供交換名額的名單中並沒有迦納的選項，因此能順利成行還是透過當時協會理事長直接打越洋電話大力居中溝通協調才得以成功，因此侑倫這一趟迦納行著實得來不易。

從圖書館到課堂

一開始侑倫被安排在一所小學的圖書館，學校剛創立不久，創辦人算是迦納的貴族，而她先生是紐約某大學的教授，因此每年提供不少資金，創辦了該校。她辦學的目的是希望當地的小孩能有些不同的視野。雖然侑倫不曉得他的前往是否能為當地小朋友帶來些許刺激與改變，但在他眼中理想與現實的差距很大，所需的資源也很不一樣。

侑倫在圖書館主要的工作是辦理借書、整理圖書以及為書籍分類，學校負責人在得知他會攝影之後，便問他是否願意幫忙上美術課。從沒教過課，而且還得用英文教，侑倫想了想只能硬著頭皮接下來，答應試試看。教學的對象是小學生，沒有教材，能想到最簡單的方式便是出題目讓他們畫畫。看起來理所當然，但在當地卻不是這麼一回事，因為沒有畫紙，就連影印紙也沒有，全都要花錢買。「以我們對物價的概念會覺得這沒什麼，對他們來講，每個小朋友都要有一張，就是需要花費。」即使有人會捐獻蠟筆，但小朋友看到蠟筆會因為感到新奇就帶回家去，因此筆便越用越少，最後只好全部裝成一袋，讓大家從裡面抽。

從教美術衍生出來的還有教攝影。本身熱愛攝影的侑倫，當初不辭辛苦帶了一些設備過去。雖然覺得連紙都有問題，更何況是拍照。但他還是樂於傳授一些他所知道的知識。當時還是帶著傳統的底片相機，在為小朋友們講解示範時，大家會爭先恐後想看觀景窗。侑倫沒有因為擔心機器的「安危」而排斥小朋友看。他會讓他們拿相機，讓他們去碰、去實際摸摸看，只是不像現在的數位相機可以在拍完後馬上看到照片。

由於難得去非洲，侑倫在閒暇之餘就想儘量拍照，為生活留下一些紀錄，「那時候帶了黑白底片、藥水跟器具。因為打算自己來，所以特別帶了沖片罐、藥粉到那邊再混，有試著在那邊沖底片。」侑倫的運氣不錯，在那裡碰到一位美國志工是專業攝影，帶了很多沖底片用的機器和其他器具，在他離開之後東西就留了下來，正好派上用場。

但洗相片還有一個問題，需要大量的水，可得事先做好準備，由於需要一整桶，因此晚上就得先放水。「因為晚上的水壓比較小，要等儲水之後才能開始進行。白天做不了暗房，就要等天黑才能盡量試試看。」侑倫解釋，沖底片還算單純，但在迦納沖相片倒是他那時候沒想過的。因為沖相片必須有相紙，如果連一般的紙都匱乏，便可以想見相紙在當地昂貴的程度。因此還能利用美國志工留下來的東西，對他來說已經是意外。在那一年中，侑倫陸陸續續拍攝了不下一百捲黑白底片，張張都是珍貴的回憶。回臺之後也曾舉辦過一場個人攝影展，與大家分享他眼中的迦納。

成為當地葬禮的常客

幾年前曾在網路上爆紅的黑人抬棺舞，其發源地就是迦納。特殊的葬禮文化與舞蹈令人感到好奇，而那一年侑倫在當地也沒少參加。

對迦納人而言，每個人一生中最隆重的儀式即是葬禮。因此不但必須為逝者盛重著裝，務求體面尊嚴，喪家乃至於從各地而來的家族親屬，甚或部落裡左鄰右舍前來參加的賓客亦無不慎重梳妝。在典禮過程中尚須請來樂隊、敲打非洲鼓，載歌載舞，以歡樂的儀式送親人最終一程，好風光地前往另一個世界。

原本大部分時間都是拿著相機拍照，在最後結束志工工作要離開迦納之前，侑倫便想著是不是留下一些動態影片。因此便向其他志工借了台V8去紀錄一場葬禮。他所在的地方常有葬禮，甚至有「禮拜六基本上都在辦葬禮」的感覺。

在那一年步入尾聲的時候，某個週日侑倫才做完禮拜，坐在商店前，就看見一群人朝同一個方向走去，似乎不太尋常。因為待久了便大概知道，當整個教會的人都往同一個方向走時，肯定有事。經詢問才曉得是某人的母親過世，便也跟去看看，才曉得那是侑倫在當地認識的第一個人的家庭。

那時侑倫感覺與預期產生了不小的落差。原本自己只是一個無關的旁觀者，單純地想做葬禮的記錄，沒想到記錄的竟會是認識的人。因此去了之後心情就變得不太一樣了，也跟著家屬一起哀悼、難過。「我認識的是那個家庭的小朋友，就是她媽媽難產過世。一開始我想學當地語言，她就教我唱歌，她說想學語言最簡單的方法就是唱歌。」

侑倫和她們的家庭原本就有互動，也會拍一些她們家庭的照片。後來她媽媽懷孕，人還很年輕，頂多三十幾、四十歲，沒想到會因難產而死。想到這，侑倫便沒辦法完全以旁觀者的角度來看待。這件事在他這一年當中留下了深刻的印象。

或許是因為侑倫長時間住在當地且常帶著相機拍照，也算是那個地方的小小名人了。雖然他自認不算專業，但只要村子裡有什麼事，他大概都會到處走、到處看，會主動參與。因此很多人都認識他，加上膚色原本就不同，有時候進到城裡也會有人主動跟他打招呼。

早期侑倫被邀請參加葬禮，他都穿著自己的衣服前去拍攝。後來便突發其想是否可以穿著當地的衣服，便跑去借。他們的傳統服飾是以一塊布圍起來的樣子，還借了鞋子，經過這一身打扮似乎更被他們認為是自己人。這套服裝後來便成了他去參加葬禮的固定服裝。一旦他現身，立刻會成為全場焦點，被喪家特別介紹，然後與大家一一握手致意。

有一次被邀請的經驗也令他印象深刻。「那是個大家族，抵達的時候大體還擺在那裡。你就去看、去拍，你就坐在那裡，你也是他們的一份子；但相對於先前是認識的人，這時我反而覺得自己比較像是第三者，我可以站在比較外面的角度去看、去參與。」侑倫道出了多次參與不同葬禮心境上的不同。

對於拍攝葬禮，一般可能會有一些禁忌，或是喪家可能會禁止拍攝。侑倫認為也許有，但當地人都十分認可他，因此他可以不受限制地隨意拍攝，甚至拍攝逝者的面容以及入葬等儀式。當多年之後網路上開始流傳黑人抬棺的影片，侑倫反而覺得很神奇。因為當時在現場看是一種文化衝擊，他是抱著參與當地文化的角度去看，沒想到多年之後迦納再尋常不過的葬禮習俗，居然會從網路一路紅遍全世界。

原來聯合國跟我這麼近！

侑倫十分肯定 Gap Year 的價值，認為那一年很有收穫，對於「打開視野」尤其有著深刻的感受。因為「打開視野」這件事在那個時代（二〇〇〇年左右）對他而言是不可思議的。

「我覺得那個視野是我沒想過的，我舉自己的例子，我們學校的創辦人，她在聯合國工作，而當時聯合國的祕書長安南就是迦納人，因此就有一個連結。」那時聯合國教科文組織要舉辦一個活動，便透過當地的小朋友唱歌、寫詩來募集各界資源。

侑倫在描述這一段時，語氣中充滿驚喜。原本這些國際性組織只會出現在教科書、新聞及報章雜誌，即使看了也不會有太大的感覺，不認為跟自己有任何關係，但到當地卻因為參與了一個小小的活動而感受到自己與世界有了連結，原來我們可以與國際社會這麼接近。那是長期被排除、孤立在國際社會之外的臺灣青年，難能可貴的一次強烈感受，可以認同自己是國際社會的一分子。

生命中的「燈塔」與「插枝」

身為非常早年前去非洲當志工的其中一員，被問及當初是否帶著目標前去。侑倫回想那時還真的天馬行空開玩笑說想去當非洲的綠豆大王，因為當年關於迦納的資料不多，在網路上搜尋便出現臺灣人在當地成為鋼鐵大王，因此他便想著去做綠豆大王好了。後來才直言當初並沒有什麼特別的目標，他認為這有點像「打卡」，事隔多年再來談過去的那段經歷，就如同人生中好像曾經做了一件什麼事情，如是簡單的心態。

多年前筆者曾為個人出版志工經歷的書《在另一個世界撿到自己》訪談過侑倫。那時他對自己到國外 Gap Year 當志工，曾提及「我覺得有點像『燈塔』，就是我在人生當中蓋了一座燈塔，這個燈塔好像指引我一個方向，讓我去了迦納。當我在哪裡，我會看到這個燈塔，然後我知道那個方向，倒不是說它真的做了什麼，而是說我知道它在那裡……」早期他是以這種角度在看待 Gap Year。

多年之後，再談及那段在迦納的經歷，多了些人生歷練，在想法上已有所不同，於是侑倫有了新的比喻：「我還覺得這叫『插枝』，就是把這個東西跟原本我自己的東西連結，然後又長出了一個東西來。好像比較接近『我自己有它』，就像原本是某某樹，切一個角，再用別的樹來幫他插枝，也許是櫻花樹上面插了蘋果，要說這棵是蘋果樹嗎？但它也不叫蘋果，也就是說它也不叫迦納，而我還是某某某，但是裡面有長出一個關於迦納的東西……」

他覺得這個說法較接近現在的想法。「要把它跟我分開嗎？有些人說它多重要或是什麼，但它好像就成了我的一部分。」侑倫近乎哲理式的比喻，道出了那段經歷在其人生過程中所代表的意義，它如何無聲無息地嫁接到自己身上，長成自己的一部分。這些年來侑倫體認到它始終存在，因為那曾是自己年輕時一段真切的經歷，哪怕經過再久，早已無法把它與自己切分開來。

過來人看 Gap Year

Gap Year的影響能有多長遠？經過多年是否能看見更深層的影響？是已經內化？還是有什麼保留下來？

「我覺得我有把握住Gap Year的精神，我記得一開始理事長一直在講的breaking the culture barrier，就是打破文化的疆界，要我們融入當地。」侑倫會對這句話印象深刻是因為想起當時他的攝影老師在傳授拍照技巧時，不是拿著一支望遠鏡頭遠遠的看，而是拿著廣角鏡試著靠近被攝物。由此侑倫領悟到這與去到什麼樣的國家以及打破文化樊籬有其共同性，不應該帶著有色眼鏡站得遠遠地觀察，而是應該儘可能地貼近，包括去學習當地的語言等等。

「至於影響的部分我會覺得很值得，我會覺得那個影響應該是從出去到回來、一直到現在，不會因為去的那個國家、去的那個時代而有不同。」若真有什麼不同，要屬他的迦納經驗比較難與其他多數去歐洲擔任志工的經驗有直接的連結，因為那種可以彼此交流共同的生活經驗，以及對風土的感受差異太大。

「另外，在『多元』這件事情上面，我覺得我有比較看得懂。現在講『多元』可能還好，可是我覺得在當時跟之後再看，會覺得這對我是有比較大的影響。」例如當時的國際情勢也不太一樣，侑倫去的那一年，臺灣才剛完成第一次政黨輪替，而去到迦納也剛好碰到他們的大選。地方有不同的聲音，他所在的那一區，支持的是後來的總統。「我那時候就對比臺灣的情況，我們的輪替與他們的輪替。我沒有要見證這個歷史時刻，但就正好碰上了。同樣選舉，他們走在路上會有人拿著槍，這對我們來講叫危險，可是在當地看起來叫安全。因為有槍在保護，那是那時候我碰到的。」迦納畢竟是一個非常遙遠且資訊不那麼多的國家，正因為人在當地，因此侑倫看到了別人所看不到的，對於何謂「多元」有了更深刻的感受。

做為一個 Gap Year 的過來人，面對自己的孩子也到了相當年紀，是否會鼓勵他也去 Gap Year？侑倫沒有將自己的想法強加在孩子身上，反而要他好好想清楚。對於念書，侑倫認為其實不用那麼急，因為他自己一路走來看到人生有很多不同的選擇，不是只有念書一途。

「我念書的時候有點被推著走。高中分理組跟文組，因為我數學不錯就去理組，但當我自己在回顧時，就覺得這樣子很草率，好像過於簡單行事。因為要念大學，有學校就去念，後來覺得與其這樣子浪費那四年，還不如你就好好去想一想。」侑倫道出了很多人求學時未好好思考便輕易做決定的心聲。

後來有一次侑倫到德國出差，竟被他們的技職教育所震撼。那時候他從事貿易工作，與德國工業相關的機具有些關係。在夏季時間的晚上偶然碰到一個很像大人的年輕人便一起聊天。那時他正與一群朋友聚在一起，侑倫加入後就什麼都聊，聊足球、聊城市跟城市的對決，兩人聊到後來乾脆相約去河邊喝酒，他還帶著侑倫四處遊走，認識環境，後來才知道原來他是一名高職生。

「震撼的部分是，我們玩到午夜十二點，他說他回去要洗個澡，明天一早要實習，他在他爸爸開的工廠實習。我那時候發覺說，『哇！原來人家工人的素質啊，這麼地好！』跟你聊英文，侃侃而談，而他自己該做的事，比如他隔天還要早起實習，該有的責任感並不因為玩樂到半夜就丟到一旁……從那次便影響了我對技職教育的一些看法。」因此當兒子在選填未來志向時，便尊重孩子的選擇，甚至鼓勵他可以往職業的方向走，不會要求他一定要選擇高中。至於 Gap Year 也是站在鼓勵的立場，要他在服完兵役，自己打工存夠了錢，想出去看一看世界就去！給他選擇的機會，讓他自己做決定。因為是自己選的，是好是壞要孩子學會為自己的選擇負責。

去一個這輩子可能不會再去的地方

◇巴西

因緣巧合的造就

就在二技念到準備要畢業時，虹玉心裡盤算著要到澳洲度假打工，沒想到那時澳洲度假打工才剛開放，對於資格限制比較嚴格，要求一定得是在學生，也不能是在校的最後一年。她因為不符合資格，只好放棄。

巧合的是，虹玉因有事到學校系辦，正好看到ICYE的簡章，而且隔天就是報名的最後一天。她想了想，當天晚上就填完報名表、隔天寄出去。就這樣一路趕趕趕，直到參加甄選，沒想到最後竟然選上了。

「那時候其實我本來就想要出國，因為我一直都是念語文的。在那之前我有去過法國遊學，一直都想要離開臺灣去外面看一看，想要逃離臺灣一陣子，之前在臺灣太久了……」虹玉過去一直邊讀書邊工作，對這樣的生活感到有點疲乏，才想尋找機會出去看看。那一年她二十六歲。

作為協會派去巴西的第一人，虹玉可從來沒想過。因為過去巴西並沒有開放名額，再者她一開始也不是選擇巴西。她的第一志願是宏都拉斯，第二志願是德國，第三志願才是巴西。虹玉透露其實她心裡真正最想去的是巴西，但是卻因為語言的關係將它排到第三。「因為它講葡萄牙文，葡萄牙文不是那麼普遍，我覺得不實用，所以我第一優先選宏都拉斯是因為它講西班牙語，選德國也是因為它講德文，我覺得這兩個都很實用。」以語言的實用性來思考無可厚非，因為虹玉本身學的是法文，也會講英文，要去各國都算方便，因此她比較想選擇可以多學一種實用語言的國家，比如德文或西班牙文。

由於虹玉的語言學習能力沒問題，也已經能夠獨立生活，重要的是有意願，似乎是去巴西的最佳人選，最後便定了下來。即使在去之前她並不知道巴西那麼遠，她笑說這完全是地理不好的緣故。「去巴西，我光是在飛機上就要二十幾個小時，再加上轉機，要花兩天才會到。總共要轉乘四班飛機才會到我的城市，因為我要從臺灣先飛到泰國轉機，然後轉南非，再轉到巴西的聖保羅，最後再到我的城市。」雖然不是第一志願，但也算在預期之中，於是虹玉就這樣去了巴西。

貧民區的第一次接觸

虹玉選擇在貧民區工作，主要的服務對象是七到十四歲的小朋友，他們穿的都是有點像舊衣回收的衣服，有的甚至髒兮兮、破破爛爛的。由於貧窮的關係，他們沒有辦法每天去上課，甚至根本沒有機會去。這時就會讓他們到她服務的機構——平常會提供某些固定但不是那麼正式的教學課程。中心曾詢問她有沒有時間可以教他們什麼，於是虹玉就教他們簡單的中文、畫畫、陪他們一起玩、踢球、學習各種活動等等，比較像是陪伴的性質，主要就是希望他們不要去外面做壞事。在那裡除了有固定的三位老師之外，就只有虹玉一位志工，偶爾會有類似救國團的團體久久來一次，為小朋友們帶一些活動。

虹玉所在之處是南大河州的首府，相當於一個省的省會，當地貧富差距很大。在申請時虹玉曾被問及希望住在什麼樣的環境以及想要什麼樣的家庭？她希望是一個很開心的接待家庭，有爸爸、媽媽還有兄弟姐妹，還希望住的是透天厝。當地會儘量依據各志工的理想去幫忙配對。最後還果真如其所願，虹玉被分配到一個擁有透天房子，家境很不錯的接待家庭。

對於貧富的差距，她在工作與生活之間感受特別明顯，「因為工作時我會抱小孩啊，我們會擁抱之類的，所以我每天就是乾乾淨淨地出門，髒兮兮地回家。」特別是坐公車，感受尤其深刻，到了連自己都會有點不好意思的地步。因為虹玉會覺得自己身上臭臭的，很怕引來別人異樣或嫌棄的眼光。甚至她的Home媽會要她不要跟他們有太多接觸，「他們會覺得妳是什麼階級的人，妳就要跟什麼階級的人相處，會覺得這樣子的人可能跟我們不是同隊的，所以她會希望我最好不要太常跟他們接觸就對了。」即使如此，在工作上還是很難做到。

每天跟那些小朋友相處，久了都會有感情，小朋友也會邀她到他們家，虹玉去過之後才真正體會什麼叫家徒四壁。「我所謂的家徒四壁就是他們家的牆壁就真的是牆壁，完全沒有粉刷的那種，家裡除了撿來的桌子跟床，就沒了，很簡陋，然後旁邊就是垃圾。」這就是貧民區真實的狀況。如果不是親眼所見，或許很難真切體會住在那裡的感受。

虹玉工作地點的附近是一般人都會覺得危險的地方，甚至當警察的Home爸第一次載她去上班的時候就特別提醒她：以後下班要回去時，絕對不要走那裡。「那是一個有點像山坡的地方，上來之後，我工作的地方再往前就是一個很髒亂的小巷子，他就跟我說，妳絕對不要走那邊，如果妳從那裡走，我怕我這輩子再也看不到妳了！」那不過是虹玉剛到不久，才準備要上工，完全沒有想過竟然會這麼可怕。工作單位的旁邊有一整片草地，卻佈滿很多垃圾。虹玉第一次去時感到十分震撼，再加上被Home爸嚴辭告誡，讓她想說，天啊！自己會不會在這裡死掉？

在去巴西之前，虹玉沒有考量過那邊的治安問題。即使巴西向來給人不是很安全的印象，僅僅是單純喜歡，覺得很想去巴西。所以她沒有想那麼多，反而是身邊的人不解她怎麼會去巴西？他們覺得不可思議的是：怎麼會選擇「那種地方」？

當初在考量要不要去時，虹玉曾與家人商量，家裡非常不贊成，「他們其實是不能接受，雖然我以前也出國過，可是畢竟我去的是法國。而且一開始填志願，原本我想著我要去德國或是哪裡，他們就覺得我一定會選這樣的地方。沒想到最後我跟他們說我要去巴西，我們家非常反對，他們希望我不要去。」因為要一個人去到十萬八千里遠的地方，再加上巴西治安紀錄不佳赫赫有名，更讓她的家人無法放心。

如果不是虹玉過人的堅持以及勇往直前的決心，恐怕也無法順利成行。

虹玉回想當時整整花了兩天才抵達。也因為暫時還沒有把當地的電話處理好，沒有馬上打電話回家報平安，家人很擔心，還打到ICYE辦公室詢問，輾轉才聯絡上她。而那已經是隔了一個禮拜之後的事了。這讓家人著實操了好大的心，畢竟是繞了大半個地球那麼遠的地方，又沒有任何訊息，也不曉得是不是一路平安。

巴西式的瘋狂日常

虹玉前後待了兩個寄宿家庭。第一個寄宿家庭的爸爸是警察，媽媽是電台主持人。他們還有兩個兒子，哥哥讀的是政治，常參與政治活動；弟弟則在讀軍校，不常在家。原本弟弟打算出國，房間可以讓虹玉住，後來又因故取消，因此半年之後她就換了另外一個寄宿家庭。

在虹玉眼中那是一個很瘋狂的家庭。因為Home媽是一個很活潑的人，他們在樓上講話，樓下永遠都可以聽得到；全家人也會把她當他們家的小孩一樣，有什麼活動、去哪裡都會帶著虹玉一起。比如哥哥參加政治活動會帶著她去，他們要去哪裡度假，也會帶著她。這完全符合虹玉當時的期望：希望到當地可以體會並融入他們的生活。後來的第二個寄宿家庭，就與第一個家庭的個性完全不同，比較嚴謹，是比較中規中矩的寄宿家庭。相同的是他們也都會出國，在巴西只要能出國，都是小康以上，基本家境都還算不錯。

虹玉在日常生活中印象最深刻的事就是「把自己活成一個窮人」。因為她直言自己在巴西很窮，她還記得去的時候與回來時的物價是不一樣的，去的時候與美金的匯率比大概是一比三，回來時僅一比二點多。錢越來越薄，因此只得想辦法拼命「攢錢」。虹玉沒帶多少錢過去，工作單位除了每個月固定會提供少少的零用錢之外還會額外給車票，看工作地的遠近，每個人拿到的不太一樣。像虹玉需要坐兩趟公車，她就會把一趟的錢省下來拿去黑市換錢。「因為我們有公車幣，我就會把錢存下來，之後拿去換現金，也沒有換到很多，就是聊勝於無。」虹玉試著完完全全跟著他們的生活步調走，一整年真真切切地體驗在巴西生活是什麼樣子，因此留下了不少深刻的回憶。

而巴西人的不準時，虹玉可是從剛踏進巴西第一天的期初營就體會到了，一個營會什麼時間點要做什麼事情，依我們的觀念一定會有排程。虹玉就發現，假設說好九點集合，但到了十點還沒能集合完畢，似乎是很平常的事，但要說到最讓她印象深刻的就是民族性，那可是與我們完全不一樣。比如在臺灣基本上看不到有人在路上「喇舌」，可是在巴西卻到處都是，這又是另一件稀鬆平常的事。

如果要說還有什麼不適應的，倒還有以下幾個覺得誇張的地方。在臺灣，有時候一家人出去玩，在車上可能有段時間很安靜、沒有講話會覺得很正常，比如在靜靜看風景時。但在巴西他們不能接受，他們會問虹玉是不是心情不好，這讓虹玉有點驚訝。並不是說關心不好，而是不曉得對他們而言是不是就沒有安靜一會兒的時候。

再者，他們幾乎每天晚上都會外出，週一到週五的平日晚上就會出去玩，像去夜店跳舞。他們看虹玉沒出去就會關心她為什麼都不出門，「如果是去夜店，他們會邀，可是夜店要錢，而我也沒有想每天出去。因為出去就要花錢，他們就覺得說，妳為什麼都不去？」之前她在臺灣可能一個月去一次就覺得算滿多了，不會像他們一樣一個禮拜連去三次。總之他們的夜間活動與我們很不一樣，就如同有時候我們也不見得會一直講話，而當一個人不講話時也不一定是心情不好。凡此種種，虹玉在很多生活細節上發現我們與他們確實存在很多文化差異。

自我大改造

虹玉覺得Gap Year為她帶來最大的收穫是變得更敢發言，更勇於說出自己的想法。她認為在臺灣，很多人對很多事情都只敢放在心裡，不會講出來。從巴西回來之後她感覺自己的個性有了大改變，因為在巴西他們習慣有什麼事就會講出來，據理力爭。她發現自己竟也變得跟他們一樣。

受到有話直說的影響，她回到臺灣所碰到的第一件事便讓她印象深刻：「我們一群朋友一起去看國慶煙火，本來大家都坐得好好的，前面就有人站起來擋住，我就很生氣跟他說：『你這樣站著別人要怎麼看！』」如此不怕得罪別人，覺得有什麼事情就講清楚，換作是以前，肯定是做不出來的。

Gap Year 一年下來虹玉明顯感覺自己面對事情變得比較天不怕地不怕，什麼事都會當面講清楚。她甚至覺得自己變得太直接了，導致很多人無法接受。她也坦承現在遇到事情會比較「憋不住」，所幸自己是屬於發洩完就算了的人，單純只是不想把事情拖到隔天，希望當下可以馬上處理。比起悶在心裡不開心，虹玉選擇勇敢講出自己的想法，清楚表達自我，不想當個濫好人。

「如果夠融入當地，一定會受當地人的影響。你的一些行為跟想法一定也會變得跟當地有點類似。假設我今天去日本，日本是一個很迂迴的國家，我會把要回答你的事情繞三圈，然後才跟你說，那個不行；但我現在是從巴西回來，所以我變得很直接，真的會受到當地影響。」雖然只有一年，但虹玉覺得這一年也會跟平常的一年不太一樣，受到巴西的影響還滿深的。除了在表達上變得更直接，原本她就是一個頗為正向思考的人，從巴西回來之後，受到他們的感染也變得更開朗樂觀。

巴西，讓我的人生更豐富

「提到影響，我覺得我的人生更豐富了，我有很多的經驗是別人沒有的，如果去其他國家可能因為近嘛，好像要去隨時都可以去。可是我選擇去巴西，我覺得最值得的是我去了一個這輩子有可能不會再去的地方。」虹玉認真回想那一年的Gap Year最終為她留下了什麼。

她認為如果沒有人照料，因為語言不通，在當地或許沒辦法一個人獨立生活。自己藉由當志工的機會，可以去體會當地人到底在想什麼、做什麼，如果只是單純去旅行，可能無法深刻感受當地很多事情，他們就只會把虹玉當客人。但當角色一轉變，變成不是客人，而是當地人，當身分從遊客變成一個當地的生活者時，接收到的與感受到的會大大不同，而那也是她最大的收穫。

那一年，志工們彼此的互相扶持也扮演了重要的角色。虹玉會和同一年從臺灣到其他國家的交青們，一起分享各自在那個國家的經驗。大家會約好一起上線聊天，彼此交流。即使他們有的還是高中生，要比她小上九歲、十歲，與虹玉有些年紀上的差距，但是大家的感情都很好，甚至教她很多。「我覺得那段時間除了跟臺灣的夥伴一起分享以外，在當地要能接受不同的文化差異，去享受當下，我覺得這點還蠻重要的。」在異國難免會遇到困難與挫折，但能有可以用母語關心問候、提供意見、抒發不滿和互相取暖的對象，是在Gap Year中難能可貴的情感依託。

過來人看Gap Year

那一年到巴西的志工，年紀最小的是十九歲，而虹玉可能是當中年紀最大的。「我發現可能是從小教育的關係，國外的年輕人都比較早獨立，反觀在臺灣，大家都被保護得很好，不像他們比較獨立。」但虹玉的情況又不太一樣，因為她十幾歲就開始貸款，需要獨立去面對很多生活的挑戰，這一點又與國外的年輕人相近一些。

「我在五專二年級的時候就開始帶團，一次就是一兩個月的營隊。有點類似像救國團那一種，我也常帶到年紀比我大很多的人，所以我還蠻習慣跟不同年齡層的人相處的。」對虹玉而言，在臺灣不像國外會有Gap Year的時間，有的學校也會要求學生到國外實習，當時的臺灣（二〇〇四年）這種機會並不多。

因此她想方設法希望可以跨出舒適圈，她認為像他們這樣把自己丟到一個完全陌生的國家一整年，應該可以算是做到極致了！那一年她體驗到很多完全不同的文化，在各方面也學習到很多。

「我以前在念書的時候沒有學過跨文化，自己是實際去做這件事情，實際去感受說，真正的跨文化是怎麼樣。」虹玉很鼓勵別人跨出去，但強調心態很重要，她認為很多人的心態不太正確。如果真要到國外去，不用把它想得很美好，但要實際去體驗異國文化，做一個行萬里路勝讀萬卷書的實踐者。

以從事國際志工為例，虹玉覺得自己收穫很多是因為那時她工作的地點是自己選的，選擇去貧民區完全是自己的意思，而不是選擇一個相對單純、看似安全無害的環境，她認為那可能收穫不到什麼。虹玉自認是一個喜歡挑戰的人，對她而言，一切的未知都覺得很有趣。

除了建立正確的心態很重要之外，獨立性也不可或缺。因為在國外人生地不熟，加上語言的隔閡，如果不夠獨立，或許去不到幾個月就想回來了。虹玉以自已為例，在當年去巴西的所有交青裡，她是唯一的亞洲人，其他幾乎都是歐洲人。如果不夠獨立，可能會很有挫折感。因此心態便很重要，「去歐洲國家也許比較沒有差，因為一個國家可能不只去一個人，英文也可以通。可是在巴西百分之九十五是不講英文的。」

虹玉回想最初的原點，或許是在自己國中的時候，學校有個韓國的姐妹校，她從以前就一直很嚮往、很希望可以到國外交流體驗，但家裡沒有讓她去。從那時起，她便已經默默在心裡埋下一顆種子。後來選擇念外文、慢慢打工存錢、到法國遊學，再到後來出國當志工這一年的 Gap Year 等，出國這件事情對她的意義就是，認定了目標就朝著它努力。有機會去不同的國家，便好好學習如何讓自己的眼界更開闊。

我的英倫視角

◇英國

追隨堂姐的腳步

如同多數人出國的契機，乃方的 Gap Year 可說是受到堂姐的影響。

那是一場在阿嬤家難得的家族聚會，為的是歡迎到義大利當了一年志工的堂姐。結束志工工作又在歐洲遊歷了三個月，好不容易終於在親友們的殷殷期盼下回國，為了滿足大家對她這段日子在國外遊歷的種種好奇，堂姐煞有其事地準備好電腦與大量照片，史無前例地舉辦了家族中的首次「發表會」。透過生動的影像與畫面向大家逐一解說她在義大利多姿多采的異國生活。

一幅幅美麗的歐洲景物如幻燈片般閃過眼前，加上堂姐口中志工工作的甘苦點滴以及和外國志工吃喝玩樂的生活日常，在在都讓乃方打從心裡產生一股嚮往之情。因此後來堂姐協助 ICYE 協會進行年度活動宣導，乃方二話不說，立刻化心動為行動，毅然決然地報名參加。

「那時因為堂姐剛回國，而我也才從新竹搬回來，正處在結束前一個工作的轉職點，最主要的是我也想擁有異國的生活體驗。」乃方大學畢業後就支身前往新竹工作。工作壓力大，總是忙忙忙，一刻也沒停歇，人生第一次想暫停，就在因緣巧合之下，正好碰上堂姐的分享與大力推薦，兩相碰撞之下便成了她想到國外見識一番的起點。

念外文的乃方是以自己熟悉的語言為考量來選擇想去的國家。雖然沒趕上當年ICYE甄選的時間，但倒是甄選上另一個對英語程度要求更高的社區志工服務機構（Volunteering Matters）。於是在堂姐回來的隔年，就換她接著出發，前往英國。

該機構會依照每個人的興趣進行工作的安排，工作內容包括個案的居家照護以及身心障礙者的照護等等，需要志工個人獨立應對。因此當地的工作單位希望志工能具備基本的英語能力，同時希望他們不僅只是單向的付出，而是能夠做到互動式的陪伴，可以協助有學習障礙的案主多多參與活動，幫助他們與他人有更多的社會互動。

乃方對於未來的工作性質先有初步的了解，因此在甄選階段便能結合自身的優勢做出正確的判斷與選擇，才不致於在理想與現實之間感到落差。「主要因為我自己是外語系，想選一個自己在語言上比較熟悉的國家。因此英國便成為我的首選。那時候知道自己會是單獨的志工，在那個地方我不是跟其他志工住在一起，所以對我來講，我就是使用這個語言去幫助別人，同時可以更了解當地的文化。」免除了初期因為語言隔閡可能產生的溝通問題，更能直接理解服務對象的需求，也比較可以跟當地的母語使用者討論。希望透過無礙的語言溝通達到助人的目的，正是乃方的初衷。

陪伴案主日常

她被安排在一個身心障礙者的照護機構，服務的對象有的是肢體障礙、有的則是智能障礙，嚴重程度各有差異。比如有脊椎損傷的案主，最嚴重的個案是全身只剩眼睛可以轉動，自頸部以下全都無法自主移動，需要依靠旁人攙扶才可以勉強行走。「在單位裡，希望志工們可以陪伴他們處理日常所需，比如外出採買、看電影或是參與社團等等，讓他們維持一定的社交活動，因此希望志工可以儘量和他們的生活做一些連結。」單位期望志工們能融入案主的生活，除了基本的陪伴，讓他們能維持如同一般人的日常生活之外，還可以從事他們感興趣的各種活動，比如有些人會選擇參加舞蹈俱樂部或手作課等社團課程，這些都需要志工陪伴他們前去。

英國的社福單位平常有很多行政工作，比如需要整理很多資料，而在社工人員與志工之間的工作與職責亦有明顯的區隔。「我們在社福單位稱所服務的對象為『客戶』（client），而不稱他們為『身心障礙者』。對於這方面的用字要用得很精確，這是他們一直給我的觀念。對我們志工來講，不論是稱service user或者是client，一概都是由社工人員負責去記錄他們的日常生活以及常規變化，這是社工人員的工作，志工無法代勞。」英國的社會福利制度靠的是相關的從業人員、社工人員來承擔服務的主力，而志工僅屬於輔助的性質。

在單位長住的案主中，有些人是唐氏症患者，他們的壽命通常比一般人短，大概是五、六十歲，但是在英國良好的社會福利照顧下，使得這類患者能夠較為長壽。他們的家人每週六、日可以帶他們回家享受天倫之樂，讓他們可以與原生家庭有一些互動。週一到週五就由社工人員與服務的志工依照他們每個人的喜好幫忙他們安排不同的活動。

「我印象最深刻的就是，問他們喜歡什麼，有些人說他喜歡做陶藝，有的人就會說，『喔！我喜歡的是音樂！』那就讓他去彈吉他，也有些人喜歡跳舞，所以每個禮拜三晚上我們就要帶那位客戶去上他的舞蹈社團。」我們或許很難想像，原以為參加舞蹈社團的會是肢體無礙者，但沒想到在舞蹈社團中有很多是有學習障礙的人。不論他們的智能如何，或是可能有肢體上的不方便，或甚至是坐著輪椅的人，他們都可以在社團活動中享受到不被歧視的快樂、尊重與成就感。

「他們的社團就有點像是我們臺灣這邊的社區活動，我覺得那是整個國家在長足發展之後才有的社會建置。讓他們有這樣子的機會可以去彼此互動，不只是一個區、一個里在做這樣子的事情而已。」以倫敦為例，倫敦有分東南西北很多區，而志工亦各自分散在不同區域。志工們會在社群中彼此串聯，因此常常會有來自別區的活動邀請，比如乃方所在的工作單位位在東南區，有時就必須陪著客戶跨越城市到北方，與那個地方的人交流互動。另外或許拜倫敦是個大都會所賜，有這樣的人口結構，因此才擁有如此豐沛的社會資源。

「我覺得我印象最深刻的事情，就是要跨區跟很多人互動。而過程中也有很多衝擊。因為英國有很多人種，也有不少是外來移民，比如非裔的人，可能他們有肢體障礙或是不同程度的學習障礙，在溝通過程中遇到的挫折感，還有要如何與別人互動的問題，那對我來講也是文化衝擊滿大的。」不只是服務的對象，就連志工自己也需要學著跨出去，跟著一起和來自四面八方的人溝通與交流。

身為志工的乃方主要就是陪伴他們，讓客戶可以自由地在群體裡互動。「那是英國社福單位的期待，讓這些被服務的對象在更大的群體裡活動，也就是所謂的團體活動，讓他們可以更認識彼此，建立他們之間的友誼，他們會記得，這個人是他的朋友，他不是一個人，而是有著同樣境遇、可以互相陪伴的人。」幫助他們走出封閉的小圈圈，建立自己的社交網絡，藉由相同的興趣與喜好讓彼此有更深的聯結，目的就是希望協助他們活得無異於一般人。

上述活動除了志工之外，尚需有社工人員隨行，等於一位客戶就必須同時有一位社工與一位志工陪著。這些客戶發生什麼事情，社工人員回來就必須記錄，例如記錄這個人今天的感情狀態，她是充滿感情的（affectionate），或是生氣的（getting angry），或是挫折的（frustrated），社工人員會記錄下他們所有的情緒變化，以充分了解情緒對他們身體狀況的影響，作為後續照護的依據。

而這些客戶也有各自的年度旅遊計畫，這種旅遊的時間通常比較長，也就是他們的假期。乃方有幸能陪著他們一同進行，此時就看案主的個人喜好，想安排到哪裡度假，志工便也需要陪伴前去。就連渡假都還有志工的陪伴與協助，不得不說，英國的社會福利真的令人稱羨！

賺得一輩子的友誼

乃方當初踏上Gap Year之時並未替自己設定什麼具體的目標，只是單純將自己歸零，看能為自己填滿什麼。當初前往時，她希望能交到當地朋友，沒想到真的實現了，而且還因此建立一段長久的友誼。

每位志工都有自己的supervisor（指導者，輔導員），是志工初到工作單位時協助他們熟悉環境及定期自我檢視的人。由他撰寫報告提供給社區志工服務機構（Volunteering Matters），讓機構透過報告來了解志工的個人狀況以及適應情形，再為其定位並安排接下來的工作角色與任務。因此在單位中承上啟下、居中協調的輔導員便扮演著重要的角色。

S是乃方的輔導員，一開始兩人因為工作的關係時常接觸，S在工作上給予乃方不少協助，但對乃方的關心也不僅止於此，慢慢地兩人變得無話不談。「我跟S到現在都還有聯絡，她目前人在澳洲，最近這幾年她的生活起了很大的變化，包括生了一對雙胞胎，婚姻出狀況，最近還動了腦部手術等，這些我們都會聊。」雖然乃方與她不常聯絡，但總不忘互相關心，久久一次更新彼此的最新狀況。

「我在與她聯絡的過程，她有跟我講一句話，這句話我也是想講的，她說，她希望我的那個enormous heart，就是『很巨大的心』是沒有被改變過的。我同時也在反問我自己，我在工作上或是在生活上，還有『大心』的心態嗎？我覺得我還是在實踐善心這件事。因為做志工，既沒有錢，也沒有名或利，其實什麼都沒有，那有的是什麼？就是我們想要去做這件事情的初衷。」保持初心會帶領我們走得很遠。這是S對她的鼓勵與期許，正因為S對她了解得夠透澈，才能講出彼此心靈相應的心聲。

難能可貴的是兩人在過去這二十年間彼此關照，不被時間、距離或是忙碌等藉口所阻隔。「之前她小產過，後來才生了一對雙胞胎，而我也結婚、生了小孩，等於在彼此的生命經歷裡，我們有著共同的過程，她理解我，而我也理解她，從我二十四歲到現在，她也認識我那麼久了……」乃方回想當初大概幾個禮拜就要和S做一次深談，直到現在仍持續做著這件事。兩人透過簡訊互傳訊息，在得知S腦部長了一顆腫瘤去動了手術，乃方便透過網路訂了禮物送給她。透過長久的彼此關懷，兩人早已不是志工與輔導員的角色，而是昇華成真摯的朋友。正是那一年兩人的真誠互動與互相理解，一點一滴建立起深刻的友誼。

深入了解英國人說英語

長時間在異國生活，面對必定會遇上的code switching（語言轉換），即使英文專業的乃方，仍舊花了一番功夫去適應初到英國的日子。「當初在英國，其實我做了很多功課。那時候為了語言的問題特別花了一些功夫學習，費了很多心力去做英語文化的研究，比如想了解到底英國人在表達這件事情上面為什麼要這麼含蓄？」除了在與人接觸當中去熟悉當地人的口語表達之外，乃方還特別關注他們的用字，例如當他們用形容詞或動詞在表達某些事情時，便可以更精確的理解在某個情境之下為什麼他們要這樣說。

她舉例，在描述某位客戶生氣時，他們所使用的都是形容詞，用來形容那個狀態，而不是一種感覺。乃方覺得他們描述事情的方式與我們的習慣很不一樣，因此在語言轉換上才需要特別學習。或許因為乃方本身是學英語專業的人，才能觀察到如此細微的部分。對一般人而言，可能聽過就算了，並不會特別去留意當中的差異。但對於有心學習的人，在這方面仔細推敲琢磨才可真正看出學習的深度與成效。

過來人看 Gap Year

乃方對於自己Gap Year的經驗覺得很正面，「從當年出去到現在回顧起來已經有二十年了。可能因為那時候剛出社會，一直覺得不論是對於臺灣的體制、還是在身上背著的一些無形的壓力，都讓人感到很沈重。那時候的臺灣普遍認為出社會就是要趕快工作，但我對自己的定位還不是很清楚。直到回來之後，我發現對於『更認識自己』這件事情是絕對有幫助的。」

現在已為人妻、人母的乃方覺得，對小孩而言，「探索自己」是一定要做的事，並認為這是生涯中必經之路。「我會鼓勵所有的年輕人都去找到自己，想辦法更認識自己，不管它是不是你的Gap Year。所以將來如果自己的小孩覺得對於接著念書或是接著工作的決定不清楚的話，我也會鼓勵他去Gap Year，儘量去探索自己。」乃方很慶幸，即使晚了一點，當年正巧碰上轉職，少了工作的羈絆，似乎更有理由、更能理直氣壯地做出實踐Gap Year的決定。

早在當初「民風未開」的時代，乃方便勇敢選擇出國當志工。在當時舉辦的志工交流日上，碰到很多單位來自世界各國的志工朋友，從他們口中得知，他們多半還在讀大學，就先辦了休學去英國 Gap Year。

「老實說那時候根本不知道什麼是Gap Year，傻傻地就出去了。是出去了才知道，原來自己正在做的事就叫 Gap Year。因為大家都會覺得說『你不能空白啊，你不能浪費自己的時間在人生履歷上交代不清』。像是被當或是什麼的，自己也會擔心這一整年的空白，會讓人家覺得你是在浪費時間，有種虛度光陰的感覺。臺灣的觀念比較是這樣。」

直到走出去看到了國外青年做了這樣的選擇，才能理直氣壯地說「我正在Gap Year」。雖然前面有堂姐作為表率，但面對多數人關切的眼光，心中多少還是難免會自我懷疑、忐忑不安，不確定自己是否做了正確的決定。

她舉了身邊兩位朋友為例子，正好一位是東方人、一位是西方人，我們便可以從中看到東西方面對 Gap Year 在態度上的差異。

當時與乃方交流互動比較深的有兩位交青，一位來自日本，一位來自德國。某次她們三人一起相約去英國南方的一個港口遊玩，她印象很深刻的是，日本女生凡事都很認真，在閒聊中提到她大學畢業了，她來英國一年的決定，家人都不是很支持；但是對德國人而言，似乎出來這一年是件很稀鬆平常的事。她說，這就是她們的社會體驗。」由此可見同為東方人的日本青年也如臺灣青年一樣，因為出國 Gap Year 而承受著來自家人的壓力。

在歐洲時乃方也發現，Gap Year 不分男女，有些男生對未來或人生感到迷失或是不確定的時候，也會選擇停頓一年。這讓他們變得很有想法，回去之後或許更知道自己要做什麼，並沒有因為這個停頓而有什麼損失，反而更有助於瞭解自己。這也是多數有相同經驗的人一致的認同。

外國的GAP YEAR篇

我所看見的臺灣

◇德國✈臺灣

就是對東亞有興趣

二〇一〇年，Daniel還是一個來自德國的十九歲青年，因為一個念頭讓他與臺灣結下了不解之緣。

「當時我高中畢業，德國的男生需要服一年的兵役。從幾年前開始，到海外服替代役變得很熱門。這對於從小總是想住在國外的我來說，正好可以利用這個機會一舉兩得。」當時的役男除了進入軍隊當兵之外，還可以在國內服替代役，比如在某些機構從事一些社會工作，而另一種選擇是到海外當志工以取代服替代役。

服替代役某種程度兼具了Gap Year的性質，待在德國國內或是遠赴海外將是兩種截然不同的選擇，無所謂好壞，就看個人需求。對於目標明確者，可以省去自我探索的時間，直接專注在已鎖定的領域累積相關經驗及提升專業能力；但對於尚在自我探索的人，選擇到國外服替代役可以開拓眼界，同時可以慢慢思考與尋找未來的方向。

國際青年文化交流協會經德國認可為申請服海外替代役的仲介組織，自二〇〇五年起便開始轉介海外替代役男來臺擔任一年志工。此後幾乎每年都有德國的替代役男來臺，由於歷屆來臺役男均對臺灣留下良好的印象，因此累積的好口碑成了最好的宣傳，使得臺灣成為後來德國海外替代役的熱門選擇。

既然選擇到海外服替代役，可以選擇的國家眾多，為何獨獨鍾情臺灣？「我想去東亞，因為我對那個區域很感興趣。如果要做志工，就必須去找一個組織，不同的組織涵蓋的國家不同。我不知道現在狀況如何，但當時因為政治因素，中國還不是一個選項。因此我選擇臺灣當第一志願，第二是日本，第三是菲律賓。」可以選擇的國家包括有日本、韓國、越南、菲律賓、臺灣、印尼等，令人訝異的是，略懂一點日文的他沒把日本排在第一位。主要是因為他之前與臺灣人有所接觸，對臺灣有一些觀察與了解。再來就是語言，他認為去臺灣是一個可以好好學習中文的機會。

擁有一半墨西哥血統的Daniel很習慣與家人到國外旅行，自己也曾去過一次上海，對於遠行，他個人覺得沒有太大的問題。家人對於Daniel選擇到海外服替代役均表示贊成，只是他們對於區域的選擇有些疑慮，因為他的家人們還沒有到過亞洲，特別是遙遠而陌生的臺灣，尚無法想像長時間在亞洲的生活，即使如此，還是尊重孩子的意願。

於是經過一番努力，透過組織安排如願到臺灣服替代役，如此既達到服役的要求，又可完成想探訪東亞的目的，無疑是最佳選擇。

不斷累積的臺灣印象

那一年間Daniel共參與了幾個專案，第一個是在教會機構，那是一間結合孤兒院以及協助父母因犯罪而無法照顧小孩的機構。機構有一間小商店，同時也是孩子們待的場所。Daniel平時會和他們做一些活動，也在商店裡做一些飲料和陪伴孩子等。經過一段時間後，他換到第二個工作單位。那是一所社區大學，他們有一個環境辦公室，做很多守護環境方面的工作，關注像是塑膠、重金屬等廢棄物，以及環境保護和教育等相關議題。Daniel幫單位做研究，協助他們翻譯可以找到的德文相關資料。

Daniel當初抱著學習中文的目標，經過一年下來，不論在工作上或在日常中的應對與練習，中文的語言能力已經有所成果。在工作之餘，也身體力行去「看臺灣」，除了藉由旅行拜訪不少城市與山岳，領略臺灣的城鄉環境與山林之美外，也體驗了很多精彩有趣的臺灣生活。

透過他的實地接觸與觀察，得到「人民非常友善，超級安全，這跟在其他國外城市或其他國家比起來，完全不需要去擔心什麼，還有食物很美味！」等結論。其中還令他印象深刻的是臺灣的公民團體。他感受到這群人有強烈的信念，同時也很活躍，為了保護環境、保護孩童、守護民主等等，非常地多元。「你可以看見、感受得到，即使你不會說當地語言，也覺得他們非常有創意。我曾看見人們很團結，有時為了理念而上街頭。還有很多文化，比如他們會佈置很多宣傳車去展示、宣揚他們的理念，非常多彩、非常有趣。」他生動地描述在臺灣的所見所聞，甚至親身參與。這些多半是在德國所沒有的體驗，讓他感受到臺灣獨特的活力與魅力。

Daniel提到「臺灣」並不是一個在人們心中的國家，意即在大眾心中的辨識度較低，「當你提到臺灣（Taiwan），人們會說，哦——我去過泰國（Thailand）（編按：因為發音相近，容易誤會）……」但Daniel來之前便知道臺灣，他並沒有對臺灣有任何的想像或錯誤的認知。因為他有臺灣朋友，也知道臺灣的一些政治及發展等，但他並不真的了解臺灣的生活究竟是如何，他笑稱當時唯一對臺北的印象就是一〇一大樓，因為那曾經是世界最高的建築。

學習中文，不難

外國人對於學習中文通常會感到十分頭痛，覺得是一座難以跨越的障礙，甚至有「中文是最難學的語言之一」的說法。但Daniel認為，也許一開始在聲調的學習上是有點困擾，但慢慢地就學會如何講，因此並沒有真的遇上太大的難題。他幽默地說，反倒覺得在臺灣要找到好吃的麵包還比較難，這並不是指臺灣的麵包不好吃，而是他吃不慣臺式的軟麵包，較習慣德國的歐式麵包。要找到熟悉口感的麵包反倒成了超越語言學習的一大挑戰。

對於學習令外國人望之卻步的中文，Daniel頗有一套自己的看法。如果本身是講法語、英語、西班牙語、義大利語的人，這些語言都跟德語有點關聯，彼此有一樣的語源，因此要學習彼此的語言並不困難。但他們若是要學中文，就會覺得中文很難，因為母語並非同語源的語言。就如同一個講中文的人去學法語，他也一樣會覺得法語難，但德國人就不會這樣覺得，因為兩者的語言很相近。他自評在日常生活用語上學得還蠻好的，達到可以收看電視的程度。因為自己住在當地一年，每天沈浸在那個語言環境當中，會比較容易習慣不同的聲調、詞語等等，自然就能記住。他舉例，就像我們知道麥當勞、漢堡王……這些外國翻譯的名稱是因為我們每天看見它們，道理是一樣的。

Gap Year給我的禮物

Daniel對於自己的Gap Year整體給予正面評價，但對於是否會鼓勵年輕人去Gap Year則表示要看情況。「我覺得有些人知道他想要什麼，比如很確定想讀醫藥，所以就直接上大學，那很好；但如果有些人不那麼肯定，那對他們而言，鼓勵他們多去做一些志工的工作，像是國際志工，就比較有道理。去獲得不同的人生觀點，藉此認識新的文化，學習新的語言。我想，那段經歷可以改變他們內心的想法。」Daniel認為是否要Gap Year因人而異，如果對於未來仍感到迷惘，那會是不錯的選擇，給自己一段時間試著去碰撞、挖掘自我。但如果未來的目標已經很明確，那或許就不需要多花費時間，直接朝著目標邁進吧！

Daniel細數那一年的收穫，包括學習語言，也結交了很多朋友，同時更了解部分去到慕尼黑的臺灣團體。他說如果沒到臺灣，他肯定不會知道這些團體的存在。「思考方式絕對有受影響。」在德國他們有按照標準模式運作的習慣，從找到問題構成，然後給予回饋。但可以看見臺灣非常不同。相較於德國人嚴謹的思考模式與處事態度，臺灣顯得彈性、不拘泥，甚至有時不按牌理出牌，這肯定了給Daniel不少衝擊。

過來人看Gap Year

Gap Year在德國頗為普及，但他們並不常稱它做Gap Year，因為那是英文的說法，「有很多人去澳洲、去紐西蘭旅行，也有些人從事志工的工作，像是去農場或是去當保姆照顧小孩等。如果是結合工作和旅遊這一類的，他們主要是想旅行，可以在途中賺一點錢，一邊工作可以旅行得久一點；至於其他做志工的，我相信某些人也是想在該國旅行，但有些人更想得到一些經驗、學習語言、結交朋友。」說穿了，給自己一段時間出國的人，或多或少都想藉此機會多體驗國外生活，多走、多看一些地方，不論是以什麼形式，都能為自己年輕的生命增加歷練。

深入了解德國年輕人如何看待Gap Year這件事才發現，他們進行Gap Year的年紀通常很年輕，多在高中畢業、十八歲至二十歲左右，普遍在二十五歲以下，時間到了就出發。Daniel覺得東方人似乎較具功利傾向，會先思考清楚為什麼想出國、想做什麼、有什麼期待、想要如何如何……好像必須做好完整的利弊分析，確定利大於弊才敢踏出那一步。

「我們比較多的是情感面的，比較不會說『我想出國是因為我想獨立、我想得到什麼經驗』，而是『我有個機會可以去臺灣、去日本一年，酷！我想要去！』當然這當中也有些人會做計畫，比如要花多少錢、有什麼負面影響等都思考過，然後說『ＯＫ，我要去』，但我們通常不會想那麼多，就是得到一個機會就去了。」德國青年對於Gap Year似乎比較不那麼有意識地去想那麼多「後面的事」，只專注於當下。

由此也可看出東西方青年對於Gap Year態度的不同，比起東方年輕人做什麼事似乎都需要有一個名正言順的理由，好去合理化任何脫離常軌、沒按照一般人路徑前進的行為。當別人問起或表達關心時，可以理直氣壯地交待自己並非浪費時間、無所事事或是刻意讓自己掉隊；Gap Year對西方年輕人而言則顯得輕鬆許多，即使純粹只是因為想去而去，甚至不需多做解釋。

若要問為什麼很多德國人在高中畢業到上大學之前進行Gap Year，Daniel覺得是因為這段期間所獲得的經驗，也許會影響到之後的工作以及對生活的選擇。他同時認為這也跟個人經驗有關。如果沒有來自父母的壓力，要你讀書得到文憑，或是要你把重心放在找一個好工作、賺錢的目的上；相反的，是希望你可以有更多的經驗、讓自己更了解自己，由此不難想見，這是他們通常很年輕的時候就進行Gap Year的原因。

就他近距離觀察，他發現臺灣與德國確實有很大不同，「很多人是在上大學之後或工作幾年之後才去，我們會認為這可能有點太晚了。你念大學，開始工作，然後才想去Gap Year，你獲得的經驗會讓你開始對人生的選擇產生疑問、對工作質疑。雖然還是有可能去改變，但會變得很困難，所以當然是越早越好。」試想，年紀越大、越社會化、越會被定型，被工作綑綁、被生活制約、被家庭束縛……有太多的理由無法隨心所欲進行大幅度的改變。諸如在大學轉念真正有趣的科系、轉換跑道去從事內心真正渴望的工作，時間成本墊高了改變的難度，即使有心，恐怕也無能為力。

「我了解高中一畢業就去Gap Year在臺灣並不普遍，那是因為臺灣的父母較少關注孩子獨立這件事。我所遇到的人，他們大概都是二十五歲之後才去，已經念完大學或研究所，他們了解自己無法更早獨立。」經過一整年在臺灣的生活，Daniel直指臺灣年輕人所面臨的困境。

很多臺灣的年輕人往往已經開始工作了，卻發現他們並不喜歡那種生活，因此決定去Gap Year，想藉此獲得不同的經驗，看看還有沒有其他的選擇。Daniel表示可以理解，「但這跟『我有個工作，我喜歡這個工作，我要去Gap Year』，那會是不一樣的，他們想去是因為他們對現況感到不開心，所以他們想要尋找其他的，我從未在德國聽過這樣的狀況。」同樣的情形下，德國人的作法會是辭掉工作，去旅行，但沒有像臺灣人這種對工作不開心、想去做別的事，像是做志工這種，他無法想到任何一個例子。在Daniel認識的朋友當中，有利用上大學前的空檔去南亞旅行半年的，或是進行長時間環球旅行的，都很常見，但那與上面描述的並不是同一個情況。

提起同樣二十歲，西方比起東方的年輕人似乎顯得較為成熟，或許東西方教育體制的不同會是原因之一。Daniel說德國的教育制度並沒有花費很多時間在學校，通常僅半天的課程，午餐後便放學，回家後的時間很自由，可以做功課或從事一些活動；但他發現在臺灣，學生幾乎在學校待上一整天，到了傍晚也還在學習（補習班），一整天都是待在很正式的、像是學校的環境，一直有其他人告訴你應該做什麼。

「你要跟隨長者，做他們要你做的事，父母告訴你應該進大學主修這個科目，我了解子女想要念這個，但他的父母說『不行！你最好念那個！』」Daniel覺得這個決定是決定「他」的未來，應該給他建議，而不是告訴他應該怎麼做，但臺灣的父母往往扮演做決定的人。

「如果父母或祖父母很常為孩子做決定，你如何期待孩子到了十八歲去為他們自己做決定？我想對於臺灣的父母而言，要去理解孩子『我想到國外去Gap Year，我真的不在意我的父母怎麼想』這樣的想法，需要一點時間。」東西方教育方式存在著巨大差異，不論是學校教育或家庭教育，來自德國的Daniel或許很難理解臺灣多數父母的心情，以及教育方式如何形塑了臺灣的年輕人以及加諸在他們身上的困境。

學習放手，不將孩子的人生占為已有，做一個在一旁關心、但不插手孩子任何決定的父母，或許正如Daniel所言，在臺灣仍有一段很長的路要走。

尋求人生的另一種可能

◇肯亞✈丹麥

我願為未來承擔風險

在去Gap Year做志工之前，Mobisa原本是一名教歷史、政府、語言與文學的老師，已經教了兩年的他，覺得自己其實不是很熱衷於教學，心裡總想著要去做其他事。在聽說了ICYE交換青年的計畫便決定去申請，「它提供了一個機會去別的國家，這對我而言是做為一個國際公民很好的準備，可以去了解其他的文化，包括其他的語言、認識新的人……」他認為ICYE有完善的整套計畫，包括必須付費、可以與住宿家庭同住，透過與當地人相處去學習文化，再者是可以了解組織，更有趣的是可以溝通與成長。

Mobisa想去斯堪地那維亞的任何國家，首選是瑞典，因為他想轉換跑道從事社會福利方面的工作。「瑞典在這方面應該是排第一，我想試著去了解，比如提供住宅、健康或教育方面的服務，政府如何去做。」Mobisa想要出走的念頭十分強烈，儘管必須辭掉永業公務員的工作也不覺得可惜。

Mobisa自嘲當時已經有點年紀（二十七歲），而且還有一個人人稱羨的工作。他不需徵得家人同意就逕自做決定，自己一邊思考、一邊存錢。雖然家人知道他當老師不是很愉快，想去做其他的事，但當他們聽到Mobisa的決定時，還是無法理解為何他要辭職去做志願服務？而且未來也充滿了不確定性。當時不只家人質疑，自己在內心深處肯定也歷經千迴百轉的自我質疑。

他試著解釋：「如果我必須因為工作而留下，一週五天、一天八至十小時，每一天，如果大部分的時間都不快樂……」Mobisa思考他的職涯應該還有別的選擇，也許離開一年到其他地方，可以提供不同的思考角度。他約略覺得未來可能想走社區發展（Community Development）這條路，若可以在其他國家得到不同的看法，看看這方面要如何做，會是一個好的經驗，最終獲得家人的理解與贊同。

「就是一年，我知道我必須去。不確定我的下一步，但志工工作給了我一年去思考我想改變什麼，取代那一年坐在家裡，有人可能會問你為何要離開職場？這是一個很好的機會，因此我決定辭職。」對於辭掉工作，Mobisa斬釘截鐵地表示並不覺得可惜，他清楚想過未來，特別是從政府機關辭職，絕對無法再找到一樣的工作，但參與國際志工會幫助他在NGO學到很多。「我同意這個決定是個風險，但就生活而言，如果你不快樂，應該冒一點風險去思考你還能做什麼。所以我決定去承受這樣的風險。」

面對人生的重大轉捩點，要做出選擇並不容易，特別是需要有所犧牲時。眼下看不清斷然擁抱未知是否會在將來的某一天後悔，然而在可以接受的範圍內承擔風險，誠實面對自己，或許才能跨過心中那道坎。

很開心能幫助陌生的你

Mobisa被安排在一個修整醫療器材與學校設備的中心工作，主要協助修整這些物品，待修理好後將送到瓜地馬拉、尼加拉瓜等中美洲合作國家的醫院或學校。

「中心也接收一些丹麥青年，他們原本應該升學的，但因故暫停了，因此提供給他們一些職業訓練（vocational training）。比如你想做一個木匠，但尚未完成高中學業不能上大學，另一個選擇就是去職業學校，大多是手工、手做方面的。同時也幫助中心修理那些器材設備、包裝、運送，在這個過程中，我有機會可以教他們英文，所以我有一部分時間是去教他們英文。」來自刻板印象中需接受幫助的非洲國家，選擇在地球的另一端貢獻一己之力。不但讓舊物免於被淘汰而有了再利用的價值，也兼顧了環保與扶助，不只讓中美洲的國家受益，同時也嘉惠了當地的失學青年，習得一技之長。

在單位中Mobisa還扮演「窗口」的角色，因為溝通的語言是英語的關係，成為中心與中美洲的對口，負責轉達中美洲方的需求，同時也從事協調的工作。「我很開心實踐了要做的事，很努力地去修理、打包等，我們可以收到來自中美洲的圖片及故事，得知這些東西最終去到了哪裡。真覺得開心！因為自己而對別人的生活產生一些改變，那是很棒的事！」提供醫療設備對需要的人來說很有幫助。那是Mobisa真正想做的事，所以感到非常開心而滿足。

在工作之餘他也藉著社區活動宣導中心的工作，不但做到個人的、學校的、醫院的，還可以做到與企業的溝通，比如請光學設備公司或是輪椅器材設備公司贊助原本要丟棄的舊設備，讓中心取得使用權，賦予它們新生命。這個工作不只是修理方面的體力活，還可以做到其他部分。從遠方的回饋中得知人們的生活因此獲得改善，都讓

Mobisa感受到這份工作的意義與重要性。

「此外我也很開心看到丹麥青年學習英語，從一開始的不會說，也許過了六個月已經會說了。因為在小鎮工作，有人會跟你打招呼，你知道這是你的學生，他跟你說英語，那真的很棒！」他在生活周遭感受到自己教學的成果與孩子的改變，從他們直接的回饋，深刻感受到自己一個小小的舉動不只改變了他人的人生，也同時對自己的人生產生了影響。

丹麥停看聽

和接待家庭同住的Mobisa，家中有個和他同年紀的孩子，他覺得那是很好的一件事，兩人可以一起玩耍。「偶爾當社區裡的小學有歷史性的主題，比如像是西方人權，或是有提到非洲的主題，便會請我過去，我可以對四至七年級的小朋友解釋非洲的殖民歷史。他們可以問問題，像是問到非洲平常的食物等。所有的這些，有時他們會非常好奇，所以會有很長時間的提問。」作為一位由肯亞到丹麥的國際志工，由他向小朋友講述其中的歷史，或他的國家曾經的遭遇，不但可以解惑，更可以藉由互動激發孩子的興趣，這是在他休閒時喜歡、也常做的事。

他還喜歡利用空閒時間去其他國家看看、拜訪其他的志工朋友，有時也會和朋友或接待家庭一起去旅行。在那一年Mobisa幾乎去遍了斯堪地那維亞國家，也拜訪了德國南部。雖然努力學了一點丹麥語，可惜的是回去之後找不到半個人可以說。「那是一段很美好的時間，當你與一個家庭同住，大部分的費用皆包括在內，食物也不用煩惱。如果想去某地，他們多半會和你一起去，你變得就像一個小孩，可以保有一些零用金做一些小事，比如可以支付和其他朋友的一些聚會。」

此外，在丹麥看到事情非常有組織，彼此有很好的連結，有好的人力配置，比如道路的安全規劃，讓騎腳踏車很安心；還有小鎮的治安，也是社會福利制度的一環，人們可以隨時出門走走，不需要擔心人身安全。以上種種都讓人了解政府可以做更多事情去改善人們的生活，這對來自肯亞的Mobisa而言，會覺得要回家鄉實行是很有挑戰的一件事，但體驗這一切也讓他感到很新鮮。

在最初心心念念想了解與學習的社區發展及社會服務方面，Mobisa亦有深刻的觀察。「我可以在另一個國家擁有自己的醫生，生病時我總是可以找他，我可以使用卡片預約、獲得處方、到藥局買藥，而這些費用都是國家支付的。」這些進步與便民的社會福利制度都讓Mobisa難以想像。另外看到丹麥政府實施免費教育，甚至還提供就學津貼，這與他的國家相較是很驚人的差異。「因為在肯亞，你去上大學，就可能得貸款，事後你還得歸還，這是非常不同的。如果你真的很需要醫療服務，就必須付費……」見識了丹麥社會福利制度的完善，讓Mobisa印象深刻。

我不是難民——脫掉偏見的眼光

帶著欣喜、期待、好奇與服務熱忱，賭上一切去到丹麥的Mobisa，想好好看看這遙遠而陌生的國家，然而最初迎接他的卻是異樣的眼光，因為他的膚色。

他認為誤解是主要原因，「當你在那裡，多數的人一開始會是從『你一定是從你的國家逃出來的、為何你要逃走……』來看待你這個人。覺得你很窮、很笨，你是難民，所以你不想回去……」無可否認那是多數人對有色人種根深蒂固的刻板印象，相信不只在丹麥會發生，它可能會出現在任何一個非洲以外或者是非以有色人種為主的國家。有時無須言語，從不經意表現出來的態度，甚至一個眼神，都暗示了他人的偏見。

「我想向人們解釋，我只是來這裡進行一個交換計畫。有時候真的覺得很挫折，我覺得這樣的誤解是最糟的事。你希望像在肯亞一樣被詢問『你從哪裡來？』好奇你為何在這裡的原因，但沒有人問『你是來旅行的嗎？』人們通常直接認為你是個難民。」如果是在自己國家，面對任何一個來訪的外國人，都應該是禮貌而親切地詢問，不論其膚色、民族。為何去到所謂的文明國家反而遭受如此對待？

面對揮之不去的種族歧視，Mobisa認為時間可以發揮些許作用，由於從事的是一年的志工服務，與認識的人建立了一些連結。一年下來，結交了朋友，也一起做事，當彼此互相了解後，態度上就會產生改變。

另外，由於丹麥是個小國家，如果去到大一點的城鎮，搭地鐵會碰到很多來自不同國家的人，這樣的情況可能會好一點。他認為小鎮出現歧視的情況較為明顯，「因為小鎮的人們並沒有很常旅行，對世界沒有瞭解很多，而且當我可以說一點點丹麥語，便可以理解為何人們會有這樣的行為。他們不確定你可以溝通，一旦他們知道你可以說他們的語言，就比較容易打開他們的心房。當他們接受你之後，一切就變得簡單了。」是誤解也好，無知也罷，缺乏溝通與交流容易產生偏見與錯誤認知，學著釋放善意、溝通，進而拉近彼此的距離，才有可能消除誤解，這也是Gap Year中學習與成長的一部分。

思維上的全面啟發

在結束志工工作回國後，Mobisa帶著自己的經驗，先在肯亞ICYE短暫服務。他在協會協助年輕人進行交換計畫，在交流的過程中，看見他們來的時候沒有什麼想法，念完了高中，不知道要做什麼。因此想藉著參與國際志工進行Gap Year。「那真的使他們有所改變，我持續看著很多年輕人，他們改變了職業，開始做著原本沒想過的事情。」Mobisa認為得到收穫並不是只有他，從參與志工計畫回來的年輕人身上，同樣看到了他們朝著好的方向發展，不再對未來茫然無知。

Gap Year也讓Mobisa開始旅行，對世界有更多的認識。他認為如果自己一直待在肯亞，沒有去旅行，也許出走的念頭僅會停留在腦海中。但獲得實際經驗是非常重要的，它會改變你一直以來的思維模式。

Mobisa總是經常回頭看這一年的經驗，且致力於分享他的收穫。他很慶幸這一段經歷幫助他慢慢走上一直想嘗試的「社區發展」這條路，從事自己有興趣的領域。他的目標是建立一個平台來從事相關工作，一路走來已經過了十七年。他將這樣的成果歸功於Gap Year帶來的影響。「它特別是對高中剛畢業的年輕人提供了很好的機會，能夠抽出時間、離開學校，去接觸別的事情，去經歷不同的生活，去找出你想要做的事，這對我很有用，因為我已經走過這條路，而且我成功了。」Mobisa以自身的例子述說到丹麥的Gap Year，如何讓他如海綿般吸收與深度學習，進而影響了他未來的職涯發展。

他認為自己是透過ICYE獲得了「專業的益處」，意即他可以轉化這一年的志工經驗並從中得到意義，利用它去發展進一步的職涯，並試著將這個美好的經驗在未來的職業中做大（make this huge）。在Gap Year期間，他至少能為自己做計畫，即使當下並不是很清楚能獲得怎樣的回報。

但Gap Year對Mobisa的影響也不只是對他的職業生涯，還包括在思維上的啟發。即使面對發達國家如丹麥，也可能碰上貪腐或資源浪費等議題。他以一種正經而嚴肅的心態進行全方位的觀察，「我真的很批判地去看當地政府如何應對，我問我自己，在我的這個經驗中我要如何確定那是非常好的影響。而我也問我自己，在管理上，要如何適當的治理。」他舉例，若要思考這個國家的政治，在投票之前，需要去了解、聆聽，以便選出對的領導人。丹麥經驗提供了他在想法上不同的刺激與學習，引導著他去詢問正確的問題，讓他能帶著這些經過內化且豐厚的養分回到肯亞。

成為地球公民

克服了初到時的異樣眼光，Mobisa試著釋出善意，努力擴展人際網絡，連結自己與朋友。「有時候人們沒注意到此，我們叫它『社會投資』（social investment），當你跟你的朋友、你認識的人有了網絡，你就可以做很多事。」他舉例，比如遇到一個朋友想去肯亞，他知道去了有哪裡可以待；如果他想去德國，有認識一些人，便可以受到接待；如果他想來臺灣，有一些朋友在，想去哪裡玩，便可以得到很好的建議。當朋友越來越多，給了自己一個機會從社會連結中去了解很多事情的管道，它可以幫助你、引導你做想做的事。

Mobisa認為歸來後，如何處事、思考都深受那一年在丹麥的影響，「我也將自己視為是一個地球公民，不只是在肯亞發生什麼事，我也關心世界發生什麼事。我覺得我們很有連結。我們可能需要去思考氣候變遷的問題、世界和平的問題，你可以挪動自己、離開自己的國家，開始建立地球公民意識及全球的平台。」跳脫只從自己國家看事情的狹隘眼光，而是站在一個更高的角度、更全面地理解我們身處的世界、關心目前各國面臨什麼問題。它將如何影響我們？在這個全球一體的時代，已沒有國家可以不受國際政治、經濟、環境等種種複雜因素的影響而完全置身事外，領悟到自己是全球公民中的一員，可以做的、可以思考的便多更多。

「另外，也許是一個問題，我不曉得再過十年我會在哪裡，我可能可以在任何一個國家，可以去適應一切，可以繼續做我想做的事。離開家，那是一種成為地球公民的感受，我覺得可以自由離開自己的國家。」Gap Year培養了自己在國外獨立生存的技能，擁有了面對問題、解決問題的能力，以及與他人溝通的協調能力……而這些都讓未來充滿各種可能性，不再受到地域的限制，可以自由走向世界任何一個角落，做任何想做的事。

Gap Year 在肯亞

一直以來以為Gap Year多盛行於歐美國家，較少資訊提及在南半球國家的發展情形及年輕人參與的意願為何，因此我們能藉由Mobisa的眼睛一窺究竟。

「我不認為我們有Gap Year。我們讀完高中，接著上大學，念完大學就找一個工作，中間不會停歇，所以我從未想過Gap Year。」即使如此，在肯亞普遍有著一段非正式的像是Gap Year的時間，即等待上大學的那一段的日子：短則六個月，長的話可能是一年。「所以在我的『Gap Year』，我就在家族的農場裡幫忙一些種茶、種咖啡等農事，即使是現在，我們還是沒有Gap Year。」在肯亞，相似的那一段時間或長或短，沒有人去定義它，就看個人如何利用。

沒料到肯亞如同臺灣一樣，有著熟悉的升學步調。因此像ICYE這樣的志工計畫在肯亞很少人參加，並不普及。大部分參加者多已完成學業，也大概已經決定未來想從事的工作。不像西方的年輕人是利用那段時間試探自己的各種可能，「真的很少有人念完高中會想去投資他們的時間的，而他們的家人也會要他們去賺錢。因為你必須先有錢支付大學的學費，除非家人可以支援。但那非常少數，我想大部分南方國家（Global South，多指非洲、拉丁美洲等發展中國家）是這個樣子，所以你很少會遇到來自南方國家的十八、十九歲年輕人去Gap Year，但在北方國家那是占絕大部分。」

不同於西方國家Gap Year多是為思考未來的出路、為上大學做準備，在肯亞擁有此觀念及經濟能力者仍是少數中的少數，因此利用時間賺取學費或許對大多數人而言更為實際。

過來人看 Gap Year

由來自南方國家的人來看 Gap Year 以及其對亞洲的觀察與理解，或許是有趣且難得的視角。

Mobisa 認為東方與西方向來有很大差異。就西方的觀點，年輕人擔任志工，提供他們一個機會去探索未來的工作，讓他們更容易找到理想；另外一個角度是，這提供了一個可以移動到其他國家的機會。就他所知，有很多來自南方的年輕人亦是抱著後者的想法。

「我認為現在的亞洲，就我所聽到的，特別是像我一樣，高度的志願主義（voluntarism）幫助年輕人越來越了解從事志工工作將有助於自己成長，同時也幫助了社區發展。我不曉得這樣的理解是否正確，但亞洲文化似乎是這樣。」當了解這個體系為何，知道中間的問題為何，再去一個結構很好的文化，比如西方國家。它提供亞洲年輕人可以探索新文化的機會，此舉亦展現出他們能做的比在家鄉更多。Mobisa 發現從社會的角度刺激，使得亞洲的年輕人更熱衷於參加這樣的交換計畫去進行Gap Year。

「另外我也發現亞洲國家為年輕人提供了越來越多的機會去學習新文化與新語言，他們總是有很高的興趣，比如有亞洲的年輕人來到肯亞學習Swahili語，這些最棒的年輕人來學習這個語言、了解這裡的文化，他們是因為有興趣才來的，但老實說，是否有助於他們的工作，我不曉得。我看見很多來自歐洲年輕人的轉變，當他們回國之後因此轉換了工作，但我並沒有得到更多來自亞洲年輕人的資訊。」

此外他也發現到，亞洲的政府致力於推廣文化交流，會提供相關的資助計畫。政府覺得年輕人應該走出去，比如日本政府鼓勵年輕人去旅行。當他們聽到有這樣的機會，即使有的人已經開始工作，也會覺得像這樣比別人晚一點出去也無妨。當然，每個國家不太一樣。

現在很方便就能在網路取得有用的資訊，比如臺灣的年輕人想去肯亞，就可以上網找到很多相關訊息，像是公益旅行（voluntourism）便結合了做志工及旅行的機會，讓去肯亞擔任志工變得很有吸引力。因為在這之後還可以去坦尚尼亞、烏干達等周邊國家旅遊，變成一個套裝行程，滿足更多的期待。

出乎意料的收穫

◇義大利✈英國

來吧！來場自我挑戰

來自義大利的Eleonora可說是自主型Gap Year的代表，即使根本不曉得什麼是Gap Year就已經身體力行展開行動。她並未透過任何機構的轉介，而是靠著自行打聽、直接聯繫上國外的工作單位便決定動身出發，這在所有受訪者當中算是僅有的異數。

當時Eleonora已經大學畢業兩年，也已經開始工作，卻萌生想到海外工作的念頭。她大學念的是英語，因此想去一個說英語的國家，增進英文能力。「主要是為了語言以及想獲得生活經驗，加上當時僅有暫時性的工作，不是什麼很重要的工作。很偶然地從同事那邊得到這樣的訊息，覺得是個很棒的機會。」Eleonora輾轉從同事那兒得知，透過他再向他的另一個朋友詢問詳情，了解那是一個在英國的志工工作，在徵求一年志工。因此在得到一個地址後便毫不猶豫地寄去申請書，那一年她已經過了三十歲。

原以為西方人多是在高中左右或上大學階段進行Gap Year，為何她如此不同？她說，她二十歲時一點也沒有想要出國的念頭，「當你十八、十九歲青少年時，就是直接進入大學，我們不會停下來一年，去思考要做什麼。」那時的她也是順著就學之路前進，不曉得還有其他的選擇。

Eleonora來自義大利南部鞋跟位置的普利亞地區（Puglia），她說，當時（二〇〇三年）Gap Year也許在北義比較流行，在南義則沒有（至少她沒有聽聞），因為南義與北義的文化是不同的。「在南義，當你完成中學接著就上大學，而北義也許比較靠近法國、瑞士、德國，所以受到不一樣的影響，對於時間的觀念比較開放，尤其像米蘭就更國際化了。在南義，我們沒有來自海外的志工在進行服務。」Eleonora認為Gap Year也許是從北義開始興起的，因為羅馬是首都，所以理應從那裡開始，再慢慢地擴散。接著南部也開始有了，近一、二十年來從義大利去當志工的也許就只有一、二位，而且可能是從北義去的，而不是南義，因為南義「根本不知道有Gap Year這個東西」。那時Gap Year並不像在英國、美國或其他地方那麼普遍。在義大利，去Gap

Year並不是一種文化。

而Eleonora則是有自覺地抓住一個偶然的機會，想藉著一年的時間去累積自己的能力，並努力為自己尋找、創造未來更好的工作條件。但相較於多數西方年輕人面對的是上大學時的關卡，在她這個階段需考量的反而更多。雖然她不需要得到家人的允許，但這個決定對他們而言並不尋常。因此家人們對於她的決定大感驚訝，因為這不是義大利的文化，特別是離開家出去一段這麼長的時間。

Eleonora的出發點是去接受挑戰，去為生活尋找目標，由於早已脫離學生階段，也意識到自己已不是非常年輕，因此是抱持著挑戰自我的想法前去。「因為做的是志工，會一年沒有收入，只有一點點零用金，是一個很大的跳躍。將自己放在未知的環境，去聽、去看。很開放地去學習任何事，那是最基本的，打開心胸，與其一直待在同一個地方，跟出國去看看不一樣的東西相比，後者很可能會改變你的一生，而那會是最棒的結果。」Eleonora有一顆願意接受挑戰的心，選擇一條看似大膽而冒險的路，給自己一個改變的機會，或許人生將因此不同。

聯合國宿舍與服務日常

Eleonora在一個住宅型的學院服務，它與校園連結在一起，而學生們通常也住在那裡，學生即是她服務的對象。他們是身障人士，有肢體障礙、語言障礙、智能障礙或學習障礙等，因此需要志工協助他們。

志工們每天早上七點開始工作，等學生們就緒了，就幫他們穿衣服，一一打理好，等著去上學。之後再到學校協助他們上課，像是閱讀、做筆記、協助他們主題學習、鼓勵他們等等，到了中午就需要協助午餐，比如有些人是肢體障礙需要餵食等；下午則繼續上課，傍晚會有一些輕鬆的活動或是遊戲時間；到了晚上則必須協助他們洗澡、上床睡覺。

從早到晚照顧學生們日常生活起居及課堂上的大小事，必須長時間陪伴在側，看似負擔很重，所幸志工們採取輪流制，並不是每人每天都必須做全部的事，有時安排早班、有時則是晚班，其餘則是休息時間。隨著不同時段的安排，指導老師會安排志工負責不同的教室。課程內容亦有不同學科，可能是電腦課、運動課、美術課等。於是志工們便在不同的課堂中穿梭，進行必要的協助。

志工們並不與學生同住，單位提供一間專門給志工住的獨立房屋，距離校園很近，裡面住了大概有來自十三到十五個不同國家的志工。大家一起共享房間，有來自墨西哥、南美的智利，也有一些來自歐洲，像是西班牙、德國、法國等，還有一位來自俄羅斯，也有一位來自臺灣的志工。

「因為志工是一個團體，有些人在工作時，有些人在休息。休息時就是放鬆、看電視、跟其他志工聊天。因為我們都來自不同的國家，是一個很好的經驗可以住在一起、工作、認識彼此。」由於每個人的工作時間不盡相同，每次休息時間遇上的人亦不一定，因此不論認不認識或熟不熟，大家都會把握機會多結交新朋友。

Eleonora選擇英國進行Gap Year，由於同在歐洲，因此即使有一些生活習慣上的不同，但還不至於到震驚的地步。比起去到遙遠的非洲或是完全不熟悉的地方，可能會驚訝於不同的習慣或文化，但英國在絕大部分還是和義大利很雷同的。然而就像她先前所提到的，去當志工、Gap Year並不是義大利擁有的文化，也就沒有跟義大利很相像而足堪比較的地方。但能跟來自世界各地的人在一起工作，幫助身障人士打理日常、並協助他們上課及參與活動，她自覺從中學習到很多。

在服務的同時，能看到整個組織結構的運作感覺很不錯，比如可以看到從協調志工以及工作系統等事情如何安排等，每件事情都很新鮮，並且她也覺得工作所在的地方很棒，位在鄉間，周遭的景色很漂亮。

歸來，已不再是從前的自己

在英國雖然僅短短一年，但Eleonora卻明顯感覺自己已經不再是從前的自己了。她知道那是Gap Year帶來的改變。「最棒的就是當我結束志工工作回去義大利，即使只是一年，我的想法已經跟我的朋友不同了。當然，因為你看到的事情不同了，你看到人們為何這麼做、為何不那麼做。那使你變得不同，因為你打開了眼界，從別人身上看到他們在做什麼、遭遇什麼挑戰……」一年的時間所看到的不只是當地國的人文風土、志工的工作日常，還包括周遭不同文化背景、從世界各地前來的志工們，大家如何在協同工作、團體生活，以及在互相交流間產生不可思議的催化與融合。這一切都讓人眼界大開，激發出不同的想法。

「如果你只在自己的小世界是不夠的，出國當志工對其他人而言同樣很重要，所以很鼓勵他們去挑戰、去看看其他國家在做什麼，還有其他國家的人在做什麼。」

Eleonora以自己的經驗告訴我們，人往往容易安於現狀，不曉得外面的世界有多寬廣，能看到的事物十分侷限，也容易陷入僵化而導致想法停滯不前。走出去，有時不只是為了找尋自我，更多時候是從外來的刺激看見無限的可能性，而那是待在舒適圈中所無法獲得的。

執手相伴英倫

Eleonora在出發前肯定想都沒想過，這一趟英國行會為她帶來怎麼樣的驚喜，比如，為她帶來一個相守一生的人。她與先生兩人的相遇，猶如命中註定般，既不是在臺灣，也不是在義大利，而是在英國，這一切肯定是上天的安排。

雖然去到英國在適應上沒有問題，但Eleonora與來自世界各國的志工們一起工作、生活，還是需要克服大家各自不同的生活習慣。團體生活對Eleonora而言更加艱難，因為她是所有志工中最年長的一位，其他人大概都是十八、十九歲，而來自不同背景的大家，又有著截然不同的生活經驗與需求，這便讓她顯得有些格格不入。

在Eleonora眼中，二十歲左右的他們都還是青少年，有那個世代喜歡的事物、自己的話題可以聊。而大他們至少十歲的Eleonora認為她沒有太多相似之處可以與他們一起分享。因為年紀的關係，大家關心的議題與喜歡的事物有一段不小的差距，自然也較難打入他們的話題與小團體。此時她發現另一個人似乎也有類似的處境。

「志工之中有一位來自臺灣的男孩，他也不是那麼年輕，也已經三十了，所以我們兩個有點算是在整個團體的邊緣。」或許是因為有著同樣的處境，才會讓年齡較相近的兩個人越走越近。

「我原本的計畫是待在工作單位一年，結束後就回去，並帶回一些經驗。最後這些經驗讓我們走在一起，但重點是我們該怎麼辦？如果我們各自回到自己國家，那麼兩個人就會散了。」當其他志工在結束工作之後，有些人回去繼續念大學，有些人回去開始找工作，隨著日子開始倒數，回不回去？回去之後這段感情該如何繼續？在在都考驗著兩個人的智慧。

後來他們想到一個折衷辦法，男孩先回臺灣，而Eleonora則繼續留在英國。兩人決定未來要在英國待下來，「我沒有打算去臺灣，他則因為語言的關係也沒有辦法去義大利。所以待在英國是比較理想的地方。他回臺灣念完大學，再回英國找我。而我先待在英國可以找個工作，並找個落腳處，以免完全丟失對這個國家的了解。」一個

Gap Year的決定，竟會從此改變自己未來的人生與生活，恐怕Eleonora也始料未及。

「那一年對我而言是很大的改變，因為我遇到了他。」最終，兩人決定攜手相伴一生。「自二〇〇三年到現在，我們在英國已經住了二十年，我以為沒那麼久，沒想到已經二十年了。」自從結束志工工作直到現在，Eleonora一直沒有離開英國。那帶給她的已經不只是一個計畫、不只是志工體驗那麼簡單。當年的志工們沒有人留下來，只因為他們找到了彼此，因此選擇了英國這個第三地作為未來人生的根據地，這應該是Gap Year對她最大的影響與改變。

過來人看Gap Year

就Eleonora所知，義大利政府對於Gap Year並沒有相關政策鼓勵年輕人參與，僅有提供給學生可以在別的大學就讀的計畫，有點類似交換學生，是專門提供讀書學習的，並沒有關於Gap Year特定的規畫；至於想擔任志工的人，有很多的組織在招募相關人員，如果想在國外工作、做志工，像是想去ＷＷＦ（世界自然基金會）這類國際性的組織團體，都必須自行搜尋相關的資訊，主動聯繫、申請等，不會透過政府。

Eleonora認為東西方青年對於Gap Year各有不同的期待，比如她的先生，是屬於目標非常明確的人：就是想要去歐洲，去看看另一個世界。而她的另一個在挪威的朋友，也一樣有很強的動機，兩人的共同點是都為此犧牲很多。對他們來說，去Gap Year並不只是為了好玩。

「我先生從一個島（臺灣）出發，是希望去認識一個完全不同的地方。由於他必須照顧家中的經濟，因此家裡其實並不希望他出去，所以他必須自己想辦法籌錢，並不是家裡給他經濟支援供他去的。」由此也可以約略看出在臺灣很多人無法跨出Gap Year，其中家庭因素確實是很大的原因之一，包括在經濟上除了需要有足夠出國的經費之外，有時還得負擔家中的經濟，甚至也得顧及父母的想法與感受，並不是那麼容易。

相較之下，幾乎不會在西方人身上看到來自家庭的阻力。「對我而言，我的出發點就是去接受挑戰，也是有點像我先生，去感受某些不同，去為生活尋找目標。」從Eleonora口中可以感受到西方人較多的是從個人的角度思考，什麼才是自己想追求的，比較不會被外在的因素困住。

在動機上，Eleonora覺得每個人出去的想法各不相同。有些人是為了履歷，希望將來可以找到一個更好的工作，而有些大學也會希望學生能有這些經驗。就她所知，很多國家的人是在十八、十九歲的青少年時期，或在上大學之前去嘗試這樣的體驗。

「我記得一些志工希望在上大學之前能擁有一些資歷好寫在履歷上，我想那不是被家裡逼迫而來，是因為他們個人的某些因素。可能是因為大學的要求，不是為了好玩有趣或是為了旅行，而是為了擁有一個更好的工作或能夠申請更好的大學而需要相關經驗。」不可否認在現今著重自我行銷的時代，擁有別人沒有的經歷確實能為自己加分不少，但對於真正想探索自我、開拓視界的人來說，這並非是去擔任志工或Gap Year的初心。

也有人是以旅行來渡過Gap Year的，那種比較多是純粹在旅遊體驗上。而Eleonora分享的多是為求工作上的體驗，兩者不太相同，取決於自己想要什麼。「對我而言，我並沒有要進入大學的動機，我先生也是。但常態是為了上大學，是為了一個好的經驗，為了將來的職涯，如果你去澳洲做一個waiter的工作，或是去農場採水果，那並不會有助於你未來的工作，但在歐洲，這類的經驗多是為了上大學。」

若從較功利的角度來看Gap Year，或許可將該經驗轉化為一項可以加分的人生資歷，有助於申請大學，甚至是後來的求職面試。

對Gap Year有所期待無可厚非，肯定希望自己變得更好，而且最終歸來，每個人也必會受益，不論在哪一方面；但若汲汲營營一心只著重在想要獲取什麼，或許會因此錯過許多更重要的東西——那是那段時間所賦予的無價珍寶。保持開放性，保有一顆事事好奇、樂於學習且廣為接納的心，不自我設限、不那麼功利導向，誰知道會在哪個因緣際會下受到啟發而改變自己的一生呢？

走出冰與火之國

◇冰島✈義大利

對義大利的深深愛戀

十七歲那年，Iris曾經為了學習義大利語而參加一個在義大利的交換計畫，和大概五十位來自歐洲各地的青年在南義共渡了兩週的時光。她與義大利有了第一次的接觸，很幸運地認識了一些當地的朋友，度過了一段難忘的日子，從此就埋下想要當志工的種子。雖然早在十八歲就下定決心要去做志工，但一切得等到二十歲完成高中學業再說。由於Iris的父親就在冰島的ICYE工作，對於女兒的想法也全力支持，很開心她所做的決定。

或許是來自北國的關係，Iris一直想去義大利。她難掩心中對義大利的喜愛，自從她初次交換到義大利便對它深深著迷。「我想要了解義大利這個國家、文化與食物，結交長久的朋友。那是我想做的，我想，當我四十、五十歲時，我依然有認識的朋友，我依然認識那個地方，也許很難……所有的經驗都是我想要、也期待的。」一趟交換計劃開啟了對一個國家的無限愛戀，想要全方位地了解它。因此她願意等待，直到完成學業，並對任何新體驗抱持著高度期待，不為別的，只因為喜歡而萌生的動機是如此深刻而充滿力量。

隨車小助手的日常

之前的交換經驗讓Iris在義大利結交了朋友，自己也去過南義好幾次，因而有機會可以接觸到好幾個工作單位，了解當志工是怎麼一回事。雖然朋友都在南義，但那一年並沒有南義的工作單位，倒是有好幾個北義的工作單位可以申請。Iris特別喜歡其中一個簡介上的描述：坐在車上可以接觸來自不同地方的身心障礙人士、不同文化與背景的人，這成了她選擇的主要原因。再加上當時也沒有其他競爭者，「我想其他人可能想度假或工作，所以沒有太多人想要參與交換志工的活動或體驗，所以我很幸運。」於是她便順利成了一名跟著車子跑來跑去的隨車小助手。

Iris所待的社會福利機構專門負責接送需要服務的用戶到想去的地方，比如日照中心、庇護工場、學校、教堂等等，單位裡有很多司機，專門載送用戶從A點到B點。這些用戶各有不同障礙，有的是智能上的，有的是肢體上的；有老人，也有小孩，志工的工作性質大多時候有點像是坐車一日遊，只需到定點時協助司機攙扶長者、幫用戶推輪椅或操作升降設備等。由於工作時間多是在交通途中，因此會與住在當地的司機很親近。在與他們的交流對話中逐漸熟悉語言，他們除了教Iris義大利語，也介紹她認識這個小鎮。不同的司機有不同的個性，他們大多很友善，提供不少當地的資訊，因此Iris一直覺得自己很幸運。

工作單位提供了一間志工宿舍給志工們居住，工作之外就是與志工們一起分享生活的自由時間。「我跟一個非常棒的臺灣女孩共享一個房間。很棒的是她已經待了半年，幫助我很多，也分享許多她的觀察。我們變成了很好的朋友，那也是很大一部分的經驗，可惜的是她比我早結束志工工作，我覺得很傷心。」室友往往在異國生活中扮演很重要的角色，不但可以分享工作中的心得，可以相約假日出遊、吃喝玩樂，有什麼開心、難過的事還可以互相傾吐、發洩，如果能遇到一位個性與志趣相合的人，真是再好不過的事。

由於不同機構選送志工的時間不一，且有的計畫是半年，有的是一年，待在當地的時間很難完全一致。後來她認識了另一位和她同時間抵達義大利的德國女孩，她也在同一個小鎮，但待在不同的工作單位。兩人變得熟絡起來後，經常相約一起活動，也跟一些當地人成了好朋友。當時也還有一名冰島志工，在他離開之前也介紹了一些朋友給她。因此Iris可以渡過沒有室友的後半段志工生活，不會感到太寂寞。在異國如果沒有朋友相伴，恐怕再美的日子都會覺得苦悶，無人分享。

工作中每天要接觸很多不同的人，讓她有了一些觀察：「印象最深刻的應該是人吧。那些在日照中心工作的人、在學校，或是在不同地方去接送的人，因為我可以去到不同的場所，也看見了很多與冰島不同之處，比如當我們載送輪椅從三樓下來時，他們毫不猶豫地使用戶外的升降設備，讓用戶坐著輪椅直接從三樓垂降下來，但我們在冰島就會說：『不行！我要有手扶梯（以確保安全）』，若不按照人們想要的來做，他們會瘋掉。」由此看出兩國在處事態度上的不同，一個不拘小節，一個要求嚴謹。

此外，Iris還愛上了每天固定會去用午餐的人氣小餐館，每到中午時分就會有很多辛勤工作的人聚集在那裡用餐。久而久之她也因此和那家餐館的廚師兼老闆成了好朋友。

除了工作及適應生活之外，學習當地語言恐怕是去到一個新國家需要跨越的門檻，其難易程度得因人而異，除了自己努不努力之外，還取決於自身語言與新語言之間語種的相近程度。

對Iris而言，她覺得最挫折的便是一開始無法順暢地使用語言，「我是知道一些義大利語的用詞，但頭一個月我幾乎是安靜的，就只是聽跟寫下那些詞彙，然後查我的口袋字典。我需要一點時間去了解一個新的語言。」即使經過在工作單位的洗禮，她覺得還是不夠。學了基本的，雖然可以大致溝通，但如果要能與人有正常的交流，達到像英語或甚至像冰島語一樣，要能夠完整表達，就不是那麼容易了。

不同的母語學習者各有其限制。她認為也許是不同的語言文化所致，比如中文便有著與西方語言完全不同的音律，而義大利語與冰島語，都是藉由字母去讀的，音律有點相似，這對她而言有很大的幫助。因此她可以體會與理解對於非拼音文字的母語使用者來說，學習起義大利語肯定更加困難。

遠遠超越正面的經驗

Iris認為從事志工工作，對於未來的學習是有助益的，不只在溝通以及在人際關係上，主要還來自整體的經驗。那一年之於Iris的意義在於它改變了她做為一個人的方式：她的行為舉止以及如何與人溝通，因此她為自己Gap Year經驗所做的總結是「超越正面（more than positive）」的。

除了學習到與不同人的溝通方式，Iris也自覺成熟了許多。那是第一次完全只有自己一個人，自己獨立生活、煮東西。那一段時間肯定對她產生很大的影響。多年之後再回想，還是會想起那時從朋友身上學到很多，像是和善、助人、有規律、有條理等等特質。

Iris也在生活中體會到義大利與冰島的不同之處，感受到文化衝擊。她覺得北義的人在心態及想法上和冰島人頗為相像，但她覺得冰島人在某些事情上似乎更加地放鬆，他們不會對某些事情繃得太緊。這倒有點超乎我們對南歐人似乎較為閒散的想像。

「我記得義大利人甚至連T恤都要燙過，連襪子也是，為何不把時間花在更好玩的事情上呢？簡直不可思議，當你穿到身上，不管是T恤還是襪子都會變平整……」她還記得那是她待在義大利的最後一週，要把握最後的時間與朋友們好好聚聚，然而，一位義大利朋友卻無法出來與她喝一杯，原因是他有非常多的衣服要洗、要燙。她又好氣又好笑地說，要是她就不會在那個時候洗衣服，會把它丟到後頭去，另外再找一天來洗。但是她轉念又想，如果她的Gap Year是去亞洲或是非洲，一定會得到一個完全不一樣的經驗。以這樣來看，那麼義大利在某些方面跟冰島還是很類似，並不是非常大的文化衝擊。

現在作為一名老師的她鼓勵所有的學生去Gap Year，將自己放入計畫一年，甚至是兩年，藉由旅行可以看見世界，去認識不同的文化、學習不同的語言，盡情地享受自己，而不要太聚焦於課業或工作的事，因為那些最終都會到來。

「當你自大學畢業、有了工作便很難去做到。你有了全職的工作，馬上成了一個社會人，你會有家庭，就會被困住。你還是可以做，但就得考量你的家人，所以趁這個時間，我實踐了Gap Year……我會說至少要一年。」Iris為學生分析如何把握進行Gap Year的時機，同時也以親身的體驗告訴學生Gap Year如何為她帶來深遠的影響。

過來人看Gap Year

「Gap Year」對Iris來說是個滿新的詞彙，那是一個來自英語的說法。當她在學校學英語時有一章就在介紹Gap Year，因為在冰島語中並沒有一個特別的詞彙來描述那段在學習中間的時間，因此她都稱它叫做休假（time off）、休息一下（taking a break）或Pausa（義大利語，暫停之意）。通常這樣的一段時間，大概是一年，在冰島自六歲至十六歲讀完中學之後，不會被要求再繼續就讀，任何更高的學習都是自我選擇的。

「有些人對於要做什麼早已有了想法，也做好了每一年的學習計畫，所以他們不會去實行Gap Year。對我而言，我在三十、三十一歲才完成了所有的學習。晚一點沒有關係，Gap Year那一整年你擁有自己的時間，你得到了一個機會可以去做這件事，它所給你的遠遠比你早一年畢業要來得多更多。」Iris堅持自己所相信的，不怕比別人晚，只求看得更清楚自己真正想追求的，而且肯定Gap Year一年所帶來的價值與影響。

Iris認為東西方青年對於Gap Year的想法很不相同，但首先，她認為冰島本身也與西方國家很不一樣。他們的思維方式不能拿來和斯堪地那維亞或其他歐洲國家相比。

因為他們的國家很小，而且又是一個孤立的小島，因此會有他們自己的方式去處理事情。無法像每個擁有幾百萬人口的國家有一樣的做法，比如有很多不一樣的可能性去旅行，她自覺有點被困在島上。

「臺灣雖然也是個島，但也許你們可以有不同的選擇。在冰島，我們只有這個選擇，我們做得很好，但整體而言，在東方，我想你們可能需要先與家人討論，也許傳統的力量很強……但我不曉得，因為我從未到過東方。」同樣是島國，Iris認為只有透過走出去才能免於被困在一地的侷限。

「對我而言，那是一段在上大學之前的時光，也是一段讓你去發掘將來想要念什麼、未來想要從事什麼的時間，你可以有這段時間去思考。」Iris認為對於未來的思考很重要，因為那關係著進大學學習的方向以及未來職涯的選擇。必須給自己一段空白去傾聽內心的聲音，以便做出不會後悔的選擇。

「如果我直接進入大學，我可能不會成為一名老師。而可能會成為一名護士或心理學家，可是當我結束志工工作回來，我去參觀學校，和小朋友一起工作，所以我最後選擇了當老師。」那些曾經自以為的喜歡與自認為的適合，可能在Gap Year之後被全新的看法推翻，因為在那一段時間充分瞭解自己喜歡什麼、不喜歡什麼，那是多數從Gap Year回來的人共同的體認。

「我覺得對西方年輕人而言，以某種方式去挖掘自己，那是最重要的事情，如果他們不曉得未來要做什麼，他們就在那個年紀去冒險。你已經在學校一輩子了，你的人生，二十年，該是時候離開家裡讓自己獨立了。」像是一個必經的過程，把握上大學前的重要時光，當一切還未確定、還擁有各種可能性時，擔任志工一邊勞動、一邊學習、一邊思索，或許相關經驗便與未來有了連結。

在臺灣，有很多人的情況是，他們不喜歡自己的工作，不論是整體環境或是共事的人，覺得生活得很挫折，想擺脫職場，便乾脆辭職出國去做一些事，進行Gap Year。這樣的情形與Gap Year的原意是不同的，Iris認為那與冰島的狀況並不一樣，「我們這邊如果他在工作上覺得挫折，就是辭職，他們會去做別的，比如再去進修，或是自己開公司，開始去做一些不同的事，但是在這個時間點我們不會去Gap Year。」

Iris看到很多冰島的年輕人不出國而選擇留在冰島以工作的方式Gap Year一年，是為了要上大學而必須工作賺錢，希望在經濟上獨立。但年輕人在十九、二十歲的年紀無法找到合理薪資的工作，只能當保姆，或是到餐廳、咖啡店、醫院、幼稚園、學校等地方打工。在利用時間賺錢的同時，也去思考未來想做什麼。「從我看到的例子，大概有百分之四十至五十的年輕人，我不認為成熟的人會如此做（Gap Year），但一半的年輕人絕對有，至少他們願意去，並不是每個人都有這樣的機會去實行。」由此可看出，在冰島不論 Gap Year 是何種型式，從事各式打工、擔任志工或任何有意義的參與，最終的目的都是為了釐清未來的方向。

孤懸於北大西洋上的冰島，人口僅約四十萬，資源有限，多仰賴進口。從 Iris 身上，我們看到了北歐年輕人的縮影，我們看到了一個來自冰與火遙遠而陌生國度的女孩，不甘因地理條件限制而受困島上，為了思索自己的人生與未來而選擇跨越國境向外看，在義大利感受到南歐民族的熱情與來自其他國家朋友的友情，從工作中、從他們身上慢慢感受自己的蛻變與成長，而最終也找到了人生的志業，做為一名基礎教育者，為冰島的小朋友們傳遞世界之大、之美。未來不僅在眼前，更在腳下，走得多遠就能看得多廣，期待與那個充滿生命活力、嶄新的自己在未來相遇。

為自己開啟一扇機會之窗

◇立陶宛✈義大利

被南方文化吸引

那時剛念完大一的Vytas對旅行非常有興趣，喜歡接觸不同文化、獲得不同的經驗，也喜歡在一個全新的環境去認識新的人，因此常藉著搭便車（hitchhike）的方式遊走歐洲各國。

「當一名國際志工是一個『看世界』非常好的機會，在我去了解這個交換計畫之前，我從沒想過要當一名國際志工。當我聽到有這個機會時，就覺得可以試試，我並沒有一個具體的目標，主要是想去了解當地文化、住在不同的環境。」藉由身分的轉換，給自己另外一個觀看世界的方式，跳脫過去在旅途中不斷移動僅能累積片面的印象，而改以長時間居留於一地，能與當地建立更深的連結。

Vytas看了名單上的組織，有很多歐洲國家，再檢視各個工作單位的描述，其中有一個位在義大利，是協助小孩做作業，他很喜歡，當中並沒有特別敘述他們的身體狀況有否有障礙，就毅然提出申請。那時他才體會到自己不再只是個旅行者，而是一名志工。雖然抵達時才發現工作單位跟當初介紹的有一些不同，有一點震驚，但後來也覺得還好，因為他最初的想法是想幫助小孩、想跟小孩一起工作。

雖然也有一些有趣的工作單位在冰島、在法國等，但 Vytas 就是想去義大利。「主要是因為我來自北歐的國家，我總是被南方的文化吸引，所以總是尋找去希臘、西班牙、義大利等南歐國家的機會。」同樣來自北國，Vytas 也跟 Iris 一樣曾在學生時代與義大利有一些接觸，高中時上了一門非常基本的義大利語課。但那堂課其實比較像是介紹義大利的文化，雖然沒有學到什麼，但卻因此讓他對義大利文化感到興趣。心想如果可能，也想住在義大利看看，因此便抓住機會，在他二十歲時再次前往了解它——以擔任志工的方式。

Hi爸媽，我要去義大利了

對於想要去義大利當志工，Vytas 沒有像在亞洲家庭常會遇到的需克服向父母解釋、說明，掃除可能的質疑、擔心，甚至還有種種身為子女、家庭，甚至是社會的責任等情感拉扯，全是自己一句話說了算。「我不需要徵求父母同意，我將事實擺在眼前，我直接說，『Hi爸媽，我要去義大利了……』，因為我已經是成人了。」先把一切搞定，再來「通知」父母已成定局的決定，並不是要與他們商量，而是作為子女需要為自己即將消失一段時間進行預告。

「在工作單位我可以得到一點零用金跟住宿安排，所以我不需要他們的經濟支援，在立陶宛你可以自己做決定，我根本沒想過他們有權告訴我『你可以去或不能去』，我是可以自己做決定的人。」「徵求父母同意」似乎從來不在Vytas的選項中，他很難體會臺灣年輕人非常在意父母的看法，沒有自己的主導權。他則是安排好一切，為自己的行為負責；沒考慮過父母會有什麼意見，也沒想依靠父母提供什麼奧援。

「另外，也許因為我是男生，如果是我姊要去，可能要跟我爸媽多聊一會兒。關於做決定，父母有較大的影響力，但如果她決定去，父母也不能做什麼。」在歐洲，父母的角色比較接近「可以商量的朋友」，可以傾聽、提供建議，但將決定權交給子女，對於子女所做的最後決定，父母沒有太大置喙的餘地，尊重孩子是成熟且獨立的個體。

再者，Vytas之所以「敢」這麼做是因為他有可以讓父母放心的理由。「在去義大利之前我有很多在歐洲搭便車的經驗，因為我沒有錢旅行，而那是當時（二〇〇二年）最便宜而且唯一的方式。對我爸媽而言，搭便車一樣是一件不太安全的事，但我並未真的遭遇什麼危險，所以做出這個決定根本就沒什麼，他們才會ＯＫ。」相信自己的孩子，即使難免擔心，但從其過去的經驗中所獲得的學習，相信孩子的判斷，同時給予祝福。

義式生活甘苦談

Vytas主要是在一所日間照顧中心工作，照顧智能障礙者的起居。他們每天九點到下午四、五點之間會到中心消磨時間。那裡就像是一間大公寓，大家在那裡閱讀雜誌、聊天等，他們身體上多半沒有太大的障礙，有些人甚至可以自行抵達，而Vytas主要是陪伴他們，若他們有需要再提供協助，同時也會幫忙準備食物。

除了他之外，同單位還有另外一位來自墨西哥的女生。同時還有廚娘，負責採購食材、麵包等；也僱了一些專家，他們不會單獨行動，總是會和志工們一起，有幾個人也一起住在志工公寓裡。

由於與Iris的工作單位就位在同一個小鎮，因此閒暇時Vytas花最多時間的就是到她們的志工公寓。他笑稱每天都很期待下班時間，想趕快過去找大家聚會。「我們很常在小鎮裡散步，還有其他陸續認識的朋友，包括當地的朋友，以及一起去上義大利語課認識的朋友。大家都是很有趣的人，我真的很喜歡和大家聚在一起的感覺。」結交朋友，工作之餘大家一起喝杯咖啡，一起探索小鎮，成了一種習慣。

「我很享受義大利文化，住在義大利生活就是我真正想要的經驗。對我來說也是第一次擁有國際友人。在立陶宛我沒有任何外國朋友，藉此可以接觸不同的文化，是我印象最深刻的事。再者，住在義大利也在義大利旅行，去認識更深刻的義大利文化、學習義大利語，是一個讓人感到很滿足的經驗。」

至於最挫折的事，則要連結到每一天的生活。Vytas認為自己從來沒有和陌生人住在一起過，特別是長時間離開自己的家。雖然之前也曾經旅行過幾週的時間，但幾週對他而言已是最大限度，而他志工工作為期半年，是一段頗長的時間。因此他有點想家，他指的並非是真的「想家」，而是想念自己熟悉的環境。「因為我是第一次跟一個團體住在一起，我不能選擇同住的對象，而我們之前有點關係緊張。我並沒有真的對那樣的環境感到很開心，對我而言有點困難，在住宿以及跟人的關係上。」很多時候人渴望擁有一些個人空間，當工作與生活二十四小時都與相同的人相處在一起時，難免會有種窒息感，此時便更想念在自己家的自在。

另外在工作上也覺得有些許不如意，因為Vytas之前得到的資訊是如果遇到問題可以得到很多支援，會有更多的事情可以做。就如一開始他期待和小朋友一起工作，但到了之後卻發現並不如預期，而原本期待可以從組織獲得更多協助，但事實上每件想做的事或想從事的活動，都是由Vytas自己決定。在單位裡只負擔很基本的責任，沒有什麼困難的任務或更多的挑戰，這使得原本期待可以有更多學習的他難掩失落。後來他換個角度思考，讓自己待在另一個文化、第一次過團體生活，對他來說，這個場域就如同學校一般，讓他在裡面學習、成長，最終成為一個重要的經驗。

享受人生中純粹的美好時光

Vytas直言在出發前並沒有設定一個具體的目標，因此很難衡量所謂的成敗。「主要就是希望住在不同的環境去了解當地文化，基本上我有達成。雖然沒有學習到如何幫助小孩，但畢竟工作單位與我當初申請的不同。我並不會把它當作是失敗，就當是組織的內部運作，所以也很開心。因為我學習到了如何應對與解決包括我個人的問題，那些我大概很難在其他不同的環境裡學到。」即使現實狀況不如所想，但也能轉念看待得失，從中體認到意外的學習與收穫。

Vytas在義大利擁有了很多新的嘗試及第一次的體驗，也很喜歡和周遭的外國志工聚在一起，認識彼此。「我真的覺得我有一段很美好的時光，從事志工，我不用去想工作的事、不用去想食物、不用去想如何支付房租，我人生中的短暫時光是我住在某處，而不需要去擔心經濟上的任何事；而另一方面，二十歲的我，原本的生活就是與父母同住，住在立陶宛的某處，但現在我擁有了完全不同的新經驗，所以真的是一段非常美好的時光。」二十歲，對於歐美青年而言正是到了該獨立的年紀，需要開始面對自己人生中的種種現實，比如搬出父母的家、開始掙錢養活自己等，而那些從來都不容易。在那來臨之前，Vytas格外珍惜眼前那一段無憂無慮的時光。

相較於選擇與母國文化同質性較高的鄰近國家進行Gap Year，選擇截然不同的區域與環境所產生的影響將會更大。有一些共通的經驗或許可以從同一個國家、不同城市中獲得，就像Vytas與室友有一些問題，那是在任何地方都可能發生的；但另一方面，若是去鄰近的國家Gap Year，可能便無法學習、感受到那麼多不同的文化。

「我總是會推薦盡可能選擇去不一樣的文化Gap Year，因為文化越不一樣，你的世界將會更豐富。」Vytas鼓勵年輕人應該要勇敢一點，去選擇自己完全不熟悉的國家、去一個陌生的環境。因為他相信人類可以很容易適應各種狀況，一旦適應了，便有機會去了解不同的思考模式、感受不同的文化，「所以去南歐絕對會比我去拉脫維亞或愛沙尼亞來得更有幫助」。

對比歐洲年輕人進行Gap Year的年紀都很輕，絕大多數在二十歲前後，但在臺灣，卻發現我們出發的年齡層頗有差距，十幾歲、二十幾歲、三十幾歲甚至年紀更大的都有，為何有如此大的差距？

「也許是因為家庭的關係，『獨立』這件事在亞洲來講，或許來得晚一點。因此你們也許二十五、三十歲才會想到脫離家庭。對歐洲人而言，就我所看到的斯堪地那維亞的年輕人，當孩子成年（十八歲）就會離開父母的家，社會的期待是十八歲就應該獨立。」在北歐國家比如芬蘭，孩子成年後普遍很快就搬出父母家。要是遇上什麼困難，父母還是會協助，但如果到了二十幾歲還與家人同住，大家可能會覺得是不是有什麼問題。

Vytas提及在立陶宛，當孩子半工半讀、開始打工或找工作，父母會在背後提供支援。在歐洲比較容易找到幾百歐元的住處，年輕人可以搬出去，而社會福利提供了免費教育，求學時不需要工作。若有工作者的收入低於某個水準，每個月可領到四、五百歐元，供其過基本的生活。因此歐洲青年普遍一成年便會脫離原生家庭自食其力、展開個人生活。然而在臺灣，未婚子女即使年過三十依舊仰賴父母照顧的所在多有。

「在小孩跟家庭之間，我有種感覺就是亞洲的父母對子女擁有很強的控制，但在歐洲則較少。在立陶宛也許也是父母（的控制）要強一點，但在芬蘭，比如我老婆她的父母會試著避免干涉或影響她的職涯選擇。儘量不給予建議，也幾乎很少過問，因為父母認為如果問了就會造成小孩的壓力。如果問了，小孩就會認為父母希望她這麼做，而她也許根本沒那個想法，所以是完全不同的思維方式。」Vytas點出了東方與西方父母對教養子女最根本的差異：東方的父母並未給子女提供太多獨立的空間。

覓得人生的另一半

總結那一年的獲得，Vytas半開玩笑地說，除了更認識自己，體驗了人生及不同的文化之外，Gap Year真正的優點是讓他找到了他的老婆。「在抵達義大利之前，我們先在柏林有個四天的營會，我們在營會上首次相遇，因為她是芬蘭到立陶宛的志工。後來當我從義大利返家過耶誕節時又再次遇到了她，便開始約會，所以如果不是這次的Gap Year，我就不會碰到我老婆。」

從兩人認識到結婚，甚至到後來Vytas的工作，都是因為這段Gap Year牽起的緣分。由於Vytas原本即熱愛旅行且十分獨立，再加上在國外當志工的經驗，讓他對於未來有了更多的想像：「我的目標是自由自在地生活，做任何我想做的事，加上交通運輸的便捷，可以讓我輕易地搬到其他國家等等，居住與工作固定在一個地方對我而言是很困難的，所以我開始思考個人獨立工作的可能。」

當Vytas開始和當時的女友也是現在的老婆約會時，一個在芬蘭、一個在立陶宛，因此便開始思考「在任何地方都能工作」的可能性。這樣的想法早在Covid-19之前便已萌生，後來Vytas成立了一家公司，自任CEO，僱用各地的自由工作者進行接案的工作，實踐他可以在任何地方工作（work from home）的想法。

「所以長遠來看，我可以在網路上接單，它是很自然的從實體工作轉換成這種形式。這個影響或許不是很直接，但那個種子是從 Gap Year 開始的。」Vytas 過去七、八年都是自己一個人工作，沒有真正面對面見過自己的員工，雖然可以透過網路視訊，但他開始懷念可以遇見新的人、有人在自己面前的感覺。

目前的生活型態完全滿足了他原先的期望，在有了女兒及兒子之後，一家人每隔幾年便在立陶宛與芬蘭之間不停換居，直到為了女兒要上小學，才在芬蘭買下一間公寓，真正定了下來。

那一年，Vytas 曾經在志工工作結束前，以搭便車方式前往沿海的觀光城市尋找工作機會，但終究事與願違。「當時立陶宛尚未加入歐盟，所以需要特別的允許或證明才能求職。因為我沒有，所以就算找到工作也只會是非法的，沒有人願意僱一個黑工。」為了生活，Vytas 曾努力地想尋覓留在義大利的任何可能，以取代回去之後將面對不確定的人生與未來，最終卻未能受到命運之神眷顧。然而從當年的掙扎求生到多年後的意氣風發，相信這段 Gap Year 的心路歷程，帶給他的絕不僅只一個老婆那麼簡單。

過來人看 Gap Year

Vytas在出發去義大利之前對Gap Year毫無概念，而當志工也還是很新的概念。「能有這樣的機會，我也許算是第一代吧，當我完成志工工作回去，新聞媒體開始比較多報導歐洲的志工計畫、年輕人到不同國家去體驗文化，所以某種程度來講我們算是先鋒。」Vytas提到他剛回國時與其他有類似經驗的一群年輕人被邀請接受媒體訪談——在Gap Year尚未在立陶宛普及之時，以獨立的思維與行動力開風氣之先，成為一名先行者。

因此Vytas斬釘截鐵地表示，他絕對會鼓勵每一個年輕人去Gap Year，「我覺得Gap Year這段時間是你不需要去思考一些嚴肅的事，比如工作或其他，你還是可以有愚蠢的權利，但同時你也在學習某些技能或是生活上的事，甚至是學習生活中殘酷的一面，而這些不是在你家鄉或課堂上學習可以獲得的。」Vytas認為Gap Year是一段讓自己去決定未來想做什麼的時間，在這段期間他改變了對工作的想法，也讓他發現自己真正不喜歡的事，更認識自己。

「如果不是Gap Year，我不知道下一次是何時可以如此深刻地去認識不同的文化，去正視自己的內在。住在國外教會我如此多不同的生活方式，改變了我對未來的看法。二十歲正是一個年輕的大人，而當時的我還在自我嘗試。」這段經驗讓 Vytas 變得更容易去適應不同的環境。面對工作上遇到的一些問題，教會他如何更強壯，也讓他在未來若是遇到類似的情況，可以做更好的準備。

Vytas 坦言 Gap Year 那段時間自己並沒有認真地思考未來，「我覺得我還是太年輕，只有二十歲，只想著明天，還沒想到未來，還太早了。我只在意如何好好享受那段時間，不想浪費。」好好放縱自己專注當下，好好享受人生中一段絕不再來的時光，對得起自己的年輕，或許那就夠了。

結語

東西方青年進行 Gap Year 的觀察

不同於西方青年的 Gap Year，臺灣青年進行 Gap Year 的年紀卻相當分歧。小自十幾歲，大至二十、三十、四十歲，甚至更年長者都有，幾乎橫跨了少年、青年到壯年等不同年齡層。這其間的差異是我想探究的原點。

在研究的過程中，我針對曾透過 ICYE 擔任國際志工的十二位臺灣青年及六位外國青年[1]進行了深度訪談，累積超過二十三萬字的訪談逐字稿。本書截取其中精華，寫作成獨立篇章，供讀者更方便理解每個人的生命故事。

1　僅其中一位是自行聯繫工作單位再前去擔任志工。

文化差異導致臺灣 Gap Year 的年齡有別於西方

臺灣青年 Gap Year 年齡取決於觸發時機，但受多重因素左右

臺灣青年跨出去進行 Gap Year 最重要的因素是來自身旁重要他人的影響。比如受到身旁親友參與相關活動回來後的見證與分享所感召。看著異國照片、聽著那一年經歷的故事或是見證本人的大幅轉變，因而容易產生嚮往之情。至於出發的時間點則取決於何時獲知訊息，或早或晚，由此可看出臺灣青年多半較無自我意識決定自己何時進行 Gap Year。

其次的關鍵因素是父母。臺灣父母多少具有喜歡比較的心態，表現在子女教育上，便呈現「別家的孩子有，我家的也要有」的心態。一旦獲知任何可能對自己小孩有幫助的消息，比如可以到國外學英文、學習獨立、可以有個不錯的經歷等，便會一頭熱地安排，強勢「鼓勵」參加，甚至逕自為其做決定。而做子女的多半也不太反對，因為聽話與順從父母的安排被視為是孝順的表現。況且父母總是為了子女好，因而大部分臺灣孩子不太有自己的意見。

再者是受到某件事物啟發後的自我覺知，因而興起仿效的念頭，是一種受到「非親身實證式」的影響而引發自我意識的覺醒。

家長羈絆與社會束縛造成出發的年齡落差

相較於西方青年多在高中畢業進行Gap Year，臺灣青年整體而言顯得較晚，不論是大學、研究所畢業，甚或是工作數年之後才興起念頭、展開行動。綜整訪談發現，這是「不得不」的結果。換言之，臺灣青年是「被選擇」這麼晚才出去，是與種種限制拉扯獲勝後所換來的。

首先是父母不自覺地將子女的人生攬在自己身上。傳統觀念認為，為子女安排與決定所謂的「幸福人生」是父母的責任。於是一旦子女與父母的意見有出入，便會受到親情壓力，因此Gap Year的成行與否大抵呈現兩種情況：一是需與父母抗爭革命，一是被父母推著走。這當中見不到太多青年自主決定的餘裕。

再者是家長的過度保護。訪談中，不只一位受訪者談及臺灣的家長群像，如何一步步打造出現今的青年樣貌。打從孩子小時候開始便極盡保護之能事，因此設下各種限制與重重保護。孩子從小習慣被呵護在手掌心，凡事家長會安排妥當、代為處理。

在這樣的氛圍之下成長，除了念書，也欠缺生活能力；遇到挫折無法自我排解，因為背後永遠有父母可以代為抹平一切，由父母為子女做決定，讓孩子無法有獨立思考的空間。

而隱形的社會束縛亦為重要因素。臺灣青年很大一部分被社會框架束縛，而延緩了自我探尋的腳步。習慣與他人比較，不能落後於人，因此求學之路必須亦步亦趨，不容間斷。對於學歷的要求亦追隨社會價值，當大學錄取率已超過九成，現今的最低「標準」已來到碩士。社會對於每個人生階段，皆有既定的標準，應達成什麼目標或成就才符合期待，如工作、薪水、成家、立業、生子等。年輕人除了活在父母的期望之下，尚有來自社會的眼光。始終為他人而活的年輕人，無法隨心所欲按照內心的渴望前行，似乎必須完成對所有人（包括社會通念）交代之後，才能找回生命的主控權。然而當有所覺醒時，恐已錯過最佳時機，陷入兩難。

在成長過程中，臺灣社會從未給予青年一個適度喘息的機會，去真正認清什麼是自己要的，什麼是自己想追求的，什麼是自己理想中的未來。直到出現無法跨越的瓶頸，才想以 Gap Year 的方式出逃，美其名是為尋找一個答案，或者終究只是暫且逃避問題的藉口。

另一方面，自我條件不足也使得青年卻步不前。臺灣的教育模式，不論是學校教育或家庭教育均是制式的「套裝行程」，一切均已安排就緒。青年學子只需按表操課、跟上進度，而未給予個人思考的空間。臺灣的家庭常過分寵溺子女，或者一切父母說了算，不讓孩子表達意見或扼殺不同的看法。造成孩子即使高中畢業依舊依賴、不夠成熟、無法具有相當的獨立性。

對於需要自己獨自面對一切的 Gap Year 產生害怕的情緒，可能因而卻步。在家長過度保護之下，沒有經濟壓力的大多數孩子多半在完成學業後才進入社會。因欠缺工讀／工作經驗等自我謀生能力，自然無法攢夠 Gap Year 經費，若有意出去，除非打算靠自己存錢，否則仍有待家長的經濟支助，因而須與父母商量。以上均可能延緩青年進行 Gap Year 的想法，需等到他們自覺身、心及經費都準備妥當，才能展開行動。

國外青年，高度自覺於高中畢業後展開自我探索

Gap Year是進大學前的人生儀式

對於Gap Year已行之有年的西方青年而言，藉此進行自我探索、尋找人生的目標與方向似乎是成長必經的過程，且絕大多數選擇在上大學前進行。姑且不論是否單純為在不停歇的學習歷程中暫停一下，以國外旅行、打工、從事志工或實習等活動，充實這一段可能是人生中唯一僅有的空檔，逐漸「認識」自己是怎樣的一個人，都有助於未來的人生發展。由此體認出Gap Year的重要意義在於，如果無法真正認識自己，要如何為未來做出正確而不悔的選擇？

誠如德國的Daniel所言，西方青年的Gap Year並沒有太強烈的目的性或壓力。一段異國生活，帶給自己各方面的刺激，無形中可能帶來不同的思維交流與啟發。帶著開放的心態，不論在哪裡、做什麼，都能在獨處的時光中觀照自己的內心，那正是Gap Year最大的意義——無所為而為，才能看見真正的自己。

冰島的Iris認為，二十歲前後對未來的思考極為重要，同時那也是讓自己學習獨

立的重要時機。Gap Year讓青年有機會真正進入社會或一個新的文化，沒有學校、家人的幫助，以一個「人」的身分學習如何生活、如何與來自不同背景的人相處。其間可能遭遇意想不到的挫折與困難，一個人要如何應對與解決，這些都能幫助瞭解與看清自己，是過度到成熟大人之前的重要階段。而這都不是在父母的羽翼之下可以達成的。

未來的方向自己尋找

國外的教育模式及社會氛圍帶給外國青年的影響是從小養成獨立思考的習慣，讀書上課的目的從來不是為了考試，而是為了從中發掘自我興趣。因為知識不僅僅存在於課本，能從各種形式的學習中有所獲得才重要。正因擁有獨立自主的思考能力，因此在面對人生進入成年前期感到迷惘的時刻，他們能為自己做下Gap Year的決定，不須考量家人或其他因素，為自己的未來尋找出路。沒有一定要接續上大學的急迫感、沒有無形且沈重的社會包袱、不須瞻前顧後考量太多，他們能擁有大無畏的精神，可以盡情地在這段難得的「長假」裡勇敢闖盪、追尋自我。

就某種程度而言，西方青年進行Gap Year的理由與執行過程，比起東方青年較為單純：單純為自己考量、獨立去探索，做什麼都不需對誰交待。在獨屬於自己的一段重要時光中，有權規劃如何生活——用什麼方式、在哪裡度過。從立陶宛的Vytas口中亦得知其來自芬蘭的太太與父母的溝通模式，不論是對於職涯或任何重要決定，均採取「不過問、不建議」的態度，給予子女尊重。在肯亞，我們看到Mobisa家人即使對他要辭去公務員工作表達不解與擔憂，但最終還是尊重孩子經過深思熟慮後的決定，相信他可以為自己的未來做出最好的抉擇，將子女視為一個成熟獨立的個體，自己的未來交由自己去尋找。

省思
我想對你說

東西方青年實踐Gap Year的情形透過深入訪談後發現，在臺灣要鼓勵青年真正跨出去並不容易，因為受到種種不同於西方社會的無形限制與壓力。不論是來自傳統文化觀念、教育體制、家長的教養方式，以及青年的自我認知等，形成重重阻礙，使其無法在人生重要階段，尤其是對未來感到迷惘時，循著西方模式進行一段人生中的Gap Year，藉以好好探索自己，尋找未來的目標。只能悶著頭、帶著疑問一路走下去，這幾乎是絕大多數臺灣青年的寫照。

在本書最末，我想對青年與青年的家長提出若干建言作為個人的省思，期望能喚起並鼓勵重視Gap Year存在的重要性與必要性，期許每個青年都能有機會以Gap Year好好思考自己未來的道路，走向不會後悔的人生另一階段。

年輕朋友，你可以這樣做

若條件不允許出國，Gap Year 不妨從國內開始

如果種種因緣成就，能順利出國 Gap Year，將能獲致一份人生中難能可貴的禮物，能看清自己與未來，自是美事一樁；但如果受限於某些因素無法出國，也不要輕易放棄任何機會，給自己一段空檔認真去做一件想做的事。

時間不見得是一年，地點也不見得在國外，試著遠離熟悉的環境，有機會接觸陌生的人事物，將自己的心態歸零，全心全意接受來自不同面向的刺激與挑戰。比如環島、擔任志工、打工換宿，甚至是參加媽祖遶境……跳脫一成不變的日常與規範，在與他人的往來互動、協助服務的過程中、遭遇困難的挫敗中，都能在每一次的意外、感動、學習以及尋得解方之後，獲得滿滿的心得與能量。那些點點滴滴，記錄的正是自己的成長。

以參加媽祖遶境為例，可視為是一段淨化心靈的旅程，短短幾天，讓自己遠離固定的生活模式，透過雙腳親自去感受這片土地的質樸與豐厚的人情。拋下諸多雜念，每日的目標單純到只有不停地向前走。在路上有很多機會與自我對話、與陌生人交流與施者互動等，可以深刻體驗何謂隨遇而安、簡單的幸福。在短暫交談中感受不同的人生智慧，一段路會越走越接近自己內心，甚至可能改變原本的思維。從小處做起，不論身處何處，只要用心生活，都能有類似Gap year所帶來的正向改變。

建立正確「出走」的心態

若想要讓自己的人生有所改變而進行Gap Year，「勇敢」是首要條件：為自己勇敢一次。很多人都想等準備好了再出去，一旦這麼想便很難出去了，因為永遠沒有準備好的一刻。既然要跨出去就應該勇於嘗試，做一些過去從未做過的事，在行為或心態上試著改變，敞開心胸準備接納一個全新的自己。

丟掉一長串的清單，計劃太多、太滿、太精細，只會困住自己，試著保留改變與彈性的空間。學習獨立、凡事靠自己，把腦袋清空，盡情享受人生中難得的Gap Year時光，發掘自己隱藏的天賦、尋找足以讓自己燃燒熱情的事物，把眼光放大到整個世界，不自我設限。若能具有上述心理建設，不論將在Gap Year中從事什麼活動，必然能擁有滿滿的回憶與收穫，找到未來值得努力的方向。

Gap Year的價值不在於去了多久或多遠的地方，而是把自己放逐到世界的某個角落，給自己一個空檔專注傾聽內心的聲音。歸來時，成長的蛻變將精彩可期。

學習與自己對話

臺灣青年在成長的過程中，顯少有機會，也未被教育或給予任何空檔的時間，進行課業以外的思考，以及與自己進行深度對話。因此從未正視自己究竟喜歡什麼？對哪個領域有興趣？不了解真正的自己是什麼樣的一個人。唯有遠離舒適圈才可能和自己進行一連串的思辨，而那往往是最痛苦，也是收穫最豐碩的挖掘過程。那些藏在內心深處的脆弱與膽怯都會在出走時被一一放大，讓你無處可躲，非得去正視與克服不可。當你勇敢踏過去，最終才可能蛻變成一個更美麗、更成熟的自己。透過真正遠離熟悉的一切、獨處、自我探問，才是邁向徹底了解自己的必經之路。

自我探索要趁早

雖然對於何時Gap Year各界並無定論，在人生任何階段進行都是個人選擇。早些年也曾經在上班族間流行一陣在工作中出走的風潮，不論是職業倦怠或是想轉換跑道，都是給自己一段時間，停下來好好充電再出發。在國外也有越來越多大學鼓勵學生在大學前進行Gap Year，諸如哈佛大學也在其網站上提到，在高中和哈佛之間進行Gap Year可提供學生寶貴的見解。不論是以工作、志願服務或旅行等方式，都能藉此了解自己，並以不同方式看待大學，同時亦保證學生帶進校園的觀點將受到重視。

從國外受訪者的訪談中發現，國外之所以多在上大學前進行Gap Year，為的是釐清未來的方向，認清真正的興趣，力求進入大學時能累積相關知能。同時亦連結到未來的工作職涯，因此在Gap Year中盡可能地開放自己去探索。在臺灣，因為升學的關係，Gap Year的年紀多半不在高中畢業左右的年紀，如此便失去探索自我的先機，在人生最寶貴的青春年華時刻（十八至二十歲），沒能好好用來「認識自己」。廣博地吸收也好，培養興趣專長或進行各種反思都可以，但什麼都還沒來得及做，牙一咬，就大步邁向了社會化的大人階段，直到生命中某一個契機出現，才想要Gap Year，卻顯得為時已晚。彼時不論是人格特質或人生方向多半已定型，要改變的話，恐怕幅度也不會太大，或者需要付出相當的成本與精力。

親愛的家長該學習的功課

學習放手是父母的必修課

臺灣充斥著「直升機父母」、「怪獸家長」，習慣以自我為中心，過度干涉子女生活，時時刻刻操控著他們的一舉一動。美其名是為了他們好，但卻也因此限制了孩子的自我發展與成長空間。在這無限循環的「愛」裡成長的孩子無疑是苦悶的。唯有當父母學會放下，充分體認每個孩子的獨立性，以及其獨特的價值，被父母無形綁架的孩子才能真正獲得自由。

為人父母者應該學習不要把自己的價值觀強加在孩子身上，自己認為好的、對的，不見得就適合孩子。不過度保護、不把孩子塑造成自己期待的樣子，不輕易抹煞孩子的想法，引導其順性發展並學習為自己負責。凡此種種都是當今父母應該關注與學習的重要課題，當父母不再以任何形式干預孩子的任何選擇時，孩子才有重拾自我成長的機會。

把孩子的人生，還給他

東方父母習慣將孩子視為自己的所有物，從小到大事事關心，也事事操心。他們總是擔心在前，得事先做好各項準備：要補習、學才藝，在各方面不能輸，才能進入理想的學校與科系；要實習、要交換，才能爭取到更漂亮的人生履歷好為就職加分；接著必須買房、結婚、生小孩，於是要購屋提供頭期款、要結婚給一筆基金、要孩子生小孩並幫忙照顧……做父母的窮極一生致力安排好一切，因為「他是我的孩子」。當父母事事要管、全權作主、毫不過問孩子的想法時，那已經不是涉入多深的問題，而是擅自將孩子的人生當自己的來過。

當孩子在父母一手主導下，從小成長至青年，面對人生的重要選擇，如果在成長過程中一直沒有機會真正認識自己，因而感到迷惘、困惑，父母是否能夠給孩子一次機會，藉由 Gap Year 去看看外面的世界？讓他學著自己長大，而不是一輩子只活在父母的手掌心中。

由衷期盼為人父母者，能給予成長的青年勇敢自我探索的自由，讓他成為一個理想的大人。

附錄：臺灣 Gap Year 形式

序號	形式	主責單位	內容
一	度假打工[1]	外交部	自93年推動至今，鼓勵國內18至35歲青年至各國體驗不同文化及生活方式，拓展國際視野、培養獨立自主能力、累積人生經歷並提升自我競爭力
二	壯遊[2]	青年署	自98年起即結合非營利組織及各大專校院在全國各地建置青年壯遊點，提供青年深度探訪
三	海外志工	青年署[3]	結合非營利組織及大專校院資源，配合青年海外和平工作團推動，鼓勵18至35歲青年參與，藉以開拓視野、探索自我，提供經費補助
三	海外志工	國合會[4]	自85年起辦理海外服務工作團志工業務，協助開發援助或人道援助等
四	打工換宿[5]	無官方主責單位	結合工作與旅遊，是一種透過勞動或個人專長以交換店家食物與住宿的旅行方式，國內外均有相關網路資源可搜尋

五	大學校園 Gap Year 推廣	臺灣大學6	「探索學習——流浪探險的成長計畫」，鼓勵不休學也能自主探索，透過一或兩學期到國內外任何場域學習，期間仍可保有在校生身分，同時還能認列學分
		臺灣科技大學7	推動 Gap Year 多年，鼓勵大四生申請到國內外企業實習一學期或一年，實習內容若與所讀科系相關，一學期將核給9學分（為一學期選修學分下限）
		清華大學8	較台大早提出 Gap Year 計畫，在校外一學期可抵免學校一門課程，但執行幾年乏人問津，主因是費用問題，現在此計畫更為彈性，不僅限校際間的交換，去公司、民間團體或個人遊歷等均可抵免必修課
		成功大學9	近年也推出類似 Gap Year、4年不分系制度，讓學生可重新對焦個人志趣、增加跨領域探索的機會

資料來源：

1. 青年度假打工：https://www.youthtaiwan.net/WorkingHoliday/cp.aspx?n=E5AA72D4F35F91D0&s=D33B55D537402BAA，2022/09/18。
2. 青年壯遊點：https://www.yda.gov.tw/plan.aspx?p=1008&rn=14346，2022/09/18。
3. 海外長期志工：https://www.yda.gov.tw/plan.aspx?p=1026，2022/09/18。
4. 財團法人國際合作發展基金會海外志工服務計畫：https://www.icdf.org.tw/wSite/ct?xItem=4621&ctNode=31304&mp=1，2022/09/18。
5. 打工換宿（維基百科）：https://zh.wikipedia.org/zh-tw/%E6%89%93%E5%B7%A5%E6%8F%9B%E5%AE%BF，2022/09/18。
6. 台大「探索學習—流浪探險的成長計畫」：https://dschool.ntu.edu.tw/%e6%8e%a2%e7%b4%a2%e5%ad%b8%e7%bf%92%e8%a8%88%e7%95%ab/，2022/09/18。
7. 潘乃欣，2021，〈管中閔未來大學計畫鼓勵 Gap Year！台大開放 1 年不上學還給 6 學分〉，聯合新聞網網頁，https://udn.com/news/story/6928/5665715，2022/09/18。
8. 72021913「與校長有約 誰來午餐」會議記錄（清華大學），https://president.site.nthu.

edu.tw/var/file/67/1067/img/4599/654145628.pdf，2022/09/18。

9. 郭芳彣，2022，〈不進校園、不上必修！用 Gap Year 探索新可能〉，Cheers 雜誌網頁，https://cheers.com/article/article.action?id=5100559，2022/09/18。

國家圖書館出版品預行編目資料

GAP YEAR,冒險一年又何妨?國際青年們的壯遊年觀察記事 / 張瓊允 著. -- 初版. -- 臺北市 : 商周出版, 城邦文化事業股份有限公司出版 : 英屬蓋曼群島商家庭傳媒股份有限公司城邦分公司發行, 2024.08
面； 公分
ISBN 978-626-390-233-6（平裝）

1. CST: 志工 2. CST: 社會服務 3. CST: 通俗作品

547.16 113010629

GAP YEAR，冒險一年又何妨？

國際青年們的壯遊年觀察記事

作者 / 張瓊允
責任編輯 / 林瑾俐

版權 / 吳亭儀
行銷業務 / 林詩富、周丹蘋
總編輯 / 楊如玉
總經理 / 彭之琬
事業群總經理 / 黃淑貞
發行人 / 何飛鵬
法律顧問 / 元禾法律事務所 王子文律師
出版 / 商周出版
城邦文化事業股份有限公司
台北市南港區昆陽街16號4樓
電話：(02) 2500-7008 傳眞：(02) 2500-7579
E-mail：bwp.service@cite.com.tw
發行 / 英屬蓋曼群島商家庭傳媒股份有限公司城邦分公司
台北市南港區昆陽街16號8樓
書虫客服服務專線：(02) 2500-7718・(02) 2500-7719
24小時傳眞服務：(02) 2500-1990・(02) 2500-1991
服務時間：週一至週五09:30-12:00・13:30-17:00
劃撥帳號：19863813 戶名：書虫股份有限公司
讀者服務信箱E-mail：service@readingclub.com.tw
城邦讀書花園 網址：www.cite.com.tw
香港發行所 / 城邦（香港）出版集團有限公司
香港九龍土瓜灣土瓜灣道86號順聯工業大廈6樓A室
電話：(852) 2508-6231 傳眞：(852) 2578-9337
E-mail：hkcite@biznetvigator.com
馬新發行所 / 城邦（馬新）出版集團 Cité (M) Sdn. Bhd.
41, Jalan Radin Anum, Bandar Baru Sri Petaling,
57000 Kuala Lumpur, Malaysia
電話：(603) 9057-8822 傳眞：(603) 9057-6622

封面設計 / 李東記
內文排版 / 新鑫電腦排版工作室
印刷 / 韋懋實業有限公司
經銷商 / 聯合發行股份有限公司
電話：(02) 2917-8022 傳眞：(02) 2911-0053
地址：新北市231新店區寶橋路235巷6弄6號2樓

■2024年8月初版
定價 380 元

Printed in Taiwan
城邦讀書花園
www.cite.com.tw

ISBN 978-626-390-233-6
EISBN 978-626-390-230-5（EPUB）

商周出版

廣　　告　　回
北區郵政管理登記
台北廣字第000791
郵資已付，免貼郵

115台北市南港區昆陽街16號4樓

英屬蓋曼群島商家庭傳媒股份有限公司　城邦分公司

請沿虛線對摺，謝謝！

商周出版

書號：BK5223　**書名：**GAP YEAR，冒險一年又何妨？　**編碼：**

請於此處用膠水黏貼

商周出版

讀者回函卡

線上版讀者回函卡

感謝您購買我們出版的書籍！請費心填寫此回函卡，我們將不定期寄上城邦集團最新的出版訊息。

姓名：＿＿＿＿＿＿＿＿＿＿＿＿＿＿　性別：☐男　☐女

生日：西元＿＿＿＿＿＿年＿＿＿＿＿＿月＿＿＿＿＿＿日

地址：＿＿＿＿＿＿＿＿＿＿＿＿＿＿＿＿＿＿＿＿

聯絡電話：＿＿＿＿＿＿＿＿＿＿　傳真：＿＿＿＿＿＿＿＿＿＿

E-mail ：

學歷：☐ 1. 小學 ☐ 2. 國中 ☐ 3. 高中 ☐ 4. 大學 ☐ 5. 研究所以上

職業：☐ 1. 學生 ☐ 2. 軍公教 ☐ 3. 服務 ☐ 4. 金融 ☐ 5. 製造 ☐ 6. 資訊
☐ 7. 傳播 ☐ 8. 自由業 ☐ 9. 農漁牧 ☐ 10. 家管 ☐ 11. 退休
☐ 12. 其他＿＿＿＿＿＿＿＿＿＿＿＿＿＿＿＿

您從何種方式得知本書消息？

☐ 1. 書店 ☐ 2. 網路 ☐ 3. 報紙 ☐ 4. 雜誌 ☐ 5. 廣播 ☐ 6. 電視
☐ 7. 親友推薦 ☐ 8. 其他＿＿＿＿＿＿＿＿＿＿＿＿＿＿＿＿

您通常以何種方式購書？

☐ 1. 書店 ☐ 2. 網路 ☐ 3. 傳真訂購 ☐ 4. 郵局劃撥 ☐ 5. 其他＿＿＿＿

您喜歡閱讀那些類別的書籍？

☐ 1. 財經商業 ☐ 2. 自然科學 ☐ 3. 歷史 ☐ 4. 法律 ☐ 5. 文學
☐ 6. 休閒旅遊 ☐ 7. 小說 ☐ 8. 人物傳記 ☐ 9. 生活、勵志 ☐ 10. 其他

對我們的建議：＿＿＿＿＿＿＿＿＿＿＿＿＿＿＿＿＿＿＿＿

＿＿＿＿＿＿＿＿＿＿＿＿＿＿＿＿＿＿＿＿

＿＿＿＿＿＿＿＿＿＿＿＿＿＿＿＿＿＿＿＿

請於此處用膠水黏貼

圖輯：
國際青年們的Gap Year
影像紀錄

1 陪著你長大

◇韓國　佳音

◀冬天的韓國，冷到連溪流都結凍，還能站在上面。
這對來自溫暖臺灣的我來說，是一件神奇又特別的事！

▲在韓國，能一起坐下來吃飯的人，代表對方是重要的人。若和三五好友聚餐，桌面大概會是這樣子：豐盛、亂中有序（？）。

◀那一年一起當志工的我們。來自七個不同的國家。大家都有出國經驗，沒有什麼適應不良的狀況，也能用開放的心接納不同的文化。

◀韓國的咖啡廳很盛行，到處都有。咖啡也是韓國人每天的生活必需品。
回到臺灣後，每逢朋友們買咖啡給我，也都很自然的不詢問，直接買冰美式給我。「妳現在變成半個韓國人了，應該也不用問了吧！」他們說。

▶韓國是現代與傳統完美融合的國家。路上可以看到韓服，也會有傳統文化的表演。

2 停不下來的Gap Year

◇宏都拉斯　怡甄

▲一起生活了大半年的男孩兒們

▲志工日常——英文教學

▲採咖啡豆

▲製作宏都拉斯扁粽——Nactamales

3 深受撞擊的每個生活片段

◇芬蘭　巧愔

▲這是體育課，對，不是拿來自習或者只是球類運動，而是教你如何跳交際舞。人生的第一支舞是在芬蘭學的。

▼這是一個能讓人很好思考人生的休閒活動，冰湖釣魚，沒有待滿三到五小時是不會有成果的，是不是很適合思考人生？手機？二〇〇四年只有 Nokia。

▲搭雪人沒有想像中容易，這是集結力學、雪、冰、水之間的調和，如果沒調好，容易雪崩。人生第一個等高雪人。

▲聖誕老人到你家，是芬蘭爸媽給小孩們保有的真實幻想，對於當時剛滿十八歲的我，其實既興奮又尷尬。

▲這是我的接家爸爸，他說「冬天，在冰上釣魚；夏天，也是在湖面上釣魚」，芬蘭人的生活真的很愜意，很懂得生活。

▲夏日的芬蘭，沒有在屋內吃飯的道理，只要天氣好餐餐都在戶外用餐。沒有空氣污染、沒有吵雜的交通聲，再加上在自家花園採的鮮花做花圈，美好的夏日就這樣展開。

▲這剛抵達時，我們在湖畔參加 ICYE 語言營；離開前，我們在湖畔一起賞夕陽、游泳跟彼此、跟芬蘭道別。始於湖泊，終於湖泊，這是我最想念的景色。

4 謝謝你形塑了現在的我

◇義大利　珮甄

◀一九九二期初營 in 薩丁尼亞島（Sardegna）
在期初營裡，我們被分組去進行社區服務工作，我分配到的是為社區某處作畫。跟組員討論後，當然是將 ICYE 國際特色畫上去：交青姓名＋國旗。

▲一九九二期初營 in 薩丁尼亞島（Sardegna）
在營隊周間的每天早上都是到這家 cafeteria（咖啡店）報到用早餐，老闆與老闆娘即便無法與我們外國交青溝通，但仍是很親切的招呼我們與提供有溫度的早餐。在我知道營隊即將結束後，抓緊機會與他們合照。對我來說還蠻需要勇氣跟他們提出合影，但沒想到義大利人真的對拍照很自在，讓我緊張的心情被接住了。往後在義大利的生活經驗裡，更是讓我感受到他們對拍照就是信手捻來的自在地站姿與眼神。

▲一九九二期初營 in 薩丁尼亞島（Sardegna）
街上不少 cafeteria（咖啡店），適逢夏季時光，不少人選擇坐在店外，既可享用飲品又可以與熟人聊天。
你看看大家，是不是拍照都很自然啊。連老闆先生都出來軋一腳了。

▲巴里藝術專科學校（Liceo Artistico Coreutico Pascali）——我的同學們
他們年紀都比我小，但各個平時展現的不管是在外表打扮上或者言談舉止上都跟似乎比我成熟，唯獨在上數學課時，才會展現不知所措的學生樣貌。而這時候卻是我唯一讓他們追捧的時刻，沒想到在臺灣數學很差的我，在那邊我竟然可以幾乎次次拿一百分，感謝臺灣超前的數理教學啊！

▲巴里（Bari）接待家庭裡——我與三姊 Francesca
每年到了十二月初，就是家家戶戶布置聖誕樹的時候，不過通常是家裡還有小孩的特別會有這樣的儀式感。我的接家三姊妹都已經成年許久，雖然仍會在家過年節，但並不會特別做布置，這一年只因來了一個臺灣籍妹妹，為了讓她感受年節豐盛的氣氛，特別為聖誕樹精心打扮一番，然後邀請我在樹旁留下合照！

▲巴里（Bari）接待家庭
在義大利，讓我印象深刻的就是聖誕節了。當天晚上，我穿上我認為很隆重的毛衣上場，但意外地覺得怎麼家人親戚都穿得跟平時週末會客的打扮差不多？原來，接下來的元旦，就是與朋友相聚歡樂的時刻，那時候是見見外人的，才需要盛裝打扮。

▲期中營 in 羅馬
期中營在羅馬近郊，所以除了開會討論時間之外，也會帶我們去羅馬走走繞繞。好吃的義式冰淇淋即便是冷冷的天，也是不能錯過的啊。

▲旅行月回來後，代表著一年的文化生活體驗就要結束了。我纏著接家阿姨好久，就是為了跟她有張合照讓我可以回家時有個想念。我的接家有爸爸媽媽、三個姊姊和阿姨。一整年裡我與阿姨彼此相處的時間最長，就像是母女般的存在。她最愛餵食我了，到接家才一個月，我就發福了一整圈了。
這一年，在接家上我跟他們學習到與家人無時無刻的擁抱與說愛。回到臺灣後，我一改對家人的羞澀，而是開朗地擁抱他們。與家人的身體距離縮短了，更會在他們身邊撒嬌示愛了。

5 困境中求生存

◇德國　睦迪

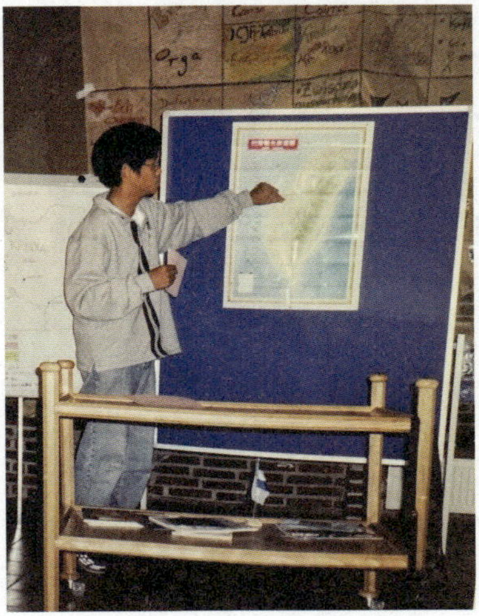

我常在想什麼是世界觀，並不是常常出國就會有，而是建立在彼此交流與認識中體會世界各地的不同。在看到世界各國充滿特色的自我介紹，我也在想我該如何介紹臺灣，在網路與手機還不發達的年代，外國人常常Taiwan和Thailand傻傻分不清楚。當時我的英文很差，很難完整的表達自己的想法，也發現好像除了我們原住民可以有很清楚的文化展現，例如服裝，我只能裝著印著臺灣英文字的T-shirt上台，因為我不覺得旗袍馬褂可以代表臺灣。所謂「Chinese culture」還是「Taiwanese culture」的差別是什麼，當下真的很難找到答案，在當時的我只能介紹臺灣的地理位置、介紹語言，以及強調臺灣跟中國是不同國家而已。原本擔心自己講得不好、不清楚，但大家對我的介紹非常滿意，因為對他們而言確實認識了一個他們從來沒有聽過的國家。等到營會結束時的大合照（圖一），他們要我坐在第一排的中間，鼓勵我勇敢一個人十六歲，不會講英文還願意出國挑戰，讓我覺得雖然語言不通，但彼此打開心就可以交流與認識！

▲滑雪是一個人生非常棒的體會，畢竟在臺灣是玩不到的。更讓我覺得有趣的是，這個滑雪場在德國最南部的阿爾卑斯山上，當我滑到一個點上面插著一個牌子，寫著奧地利共和國，我才意識到，臺灣是個島國，出國坐飛機坐船是理所當然，但其實大多數的國家都有「鄰國」，特別在歐盟國家，出國不過就是過個馬路而已，與他國人士交流是日常的生活。這更能凸顯臺灣真的是相對封閉的環境，我們生活在島上，除非特安排出國，不然只能透過電視、網路、書籍等認識世界，所看到的和體會到的真的有限。

◀在國外有一個把自己當作家人的接待家庭真的很幸福！我在德國遇到不少困難和問題都跟接待家庭有關，直到換到這個接待家庭後，我真的感受到「這是我在德國的家」。當時我的德文能力已經提升到可以日常對話，每天跟 home 爸、home 媽聊天，一起生活，真的非常的幸福！二〇一五我有機會回去德國看他們，同樣坐在照片中的沙發上，細說十五年前的往事。二〇一七年 home 爸因病過世了，我心中無比的遺憾與難過，期待未來有機會回去德國看看 home 媽和兩位哥哥。

6 那些芬蘭教我的事

◇芬蘭　志雯

▲更多的時候是與自己相處，在這之中學會獨處、反思、靜下來思考自己的需求，從這一年開始，由 E 人轉 I 人。

▲最珍貴的，是在這裡結交了許多世界各地的朋友，一起學習、溝通、玩耍、討論，學會能更溫柔地去包容不同的想法。

▲夢想，不再只是夢跟想，而是我終於走在路上！媽，我看到極光了！

▲在這裡真切的能感受到「日日是好日」，享受世界萬物給的歲月靜好。

◀總會有人問說「那邊很冷嗎？」「那邊很黑嗎？」「芬蘭人很冷漠嗎？」但更多的是，在這之中所感受到的溫暖與光！

7 從肯亞開啟的世界

◇肯亞　詩茹

▲身障兒童之家的小朋友和保姆（house mother）

▲與身障兒童之家的小朋友合影

8 站在非洲大陸看自己

◇迦納　侑倫

▲住在服務單位旁的鄰居，從事麵包製作及販售，即便製作的麵包形式只有一種，個人仍是其忠心的客戶。這家人沒有受過官方的教育，所以並無法使用英語作為我們之間的溝通語言，所以自己也僅使用簡單的 Twi（當地語言）單字、微笑及肢體作為溝通。

▲兩位就讀於服務單位的學生，小個子的姐姐跟這位高個子是同班同學，也是很好的朋友。我趁著即將結束志工服務返回臺灣前的下課跟等家人接回的空檔，跟這兩位有比較深入交流互動的學生拍照留念。

◀住在服務單位對面的鄰居，這天，我們是紅土足球場邊的觀眾，看著村裡的青年球員們踢足球。

▶參加服務單位旁的教會禮拜，碰上是基督教復活節慶相關的棕樹主日（Palm sumday）。神父手舉棕樹枝葉製成的綠色十字，象徵著耶穌，其餘的信徒則仿效耶穌當年的群眾，手持棕樹枝簇擁及夾道歡迎耶穌進入耶路撒冷城。

▲受邀參加鄰居家族的喪禮儀式，也讓我有機會較為完整地參與及記錄 Kumasi 地區的追思悼念及送葬入土儀式。

9 去一個這輩子可能不會再去的地方 ◇巴西　虹玉

▲這是我在工作單位幫小朋友手繪的人像畫，上面都有小朋友的簽名。不管再怎麼不乖的孩子，都會安靜地讓我畫畫，再寫上自己的個性簽名。

▲我的home弟是念政治的，那時剛好遇到他們的市長選舉，我人在巴士內，外面超級狂熱，沒說的話感覺跟暴動沒兩樣。

▲這是我第一次在國外過聖誕節，因為是在南半球，所以是夏天過聖誕節，非常特別的經驗。

▲我第二個寄宿家庭的奶奶有十個孩子，有次我去他們的馬場，馬沒有加馬鞍，只有鋪墊子，就這樣載著我狂奔，很特別的經驗。

10 我的英倫視角

◇英國　乃方

▲二〇〇四年倫敦社區服務志工日，來自德國、日本、臺灣的志工分享彼此在服務單位的志工經驗交流（筆者按：志工日約一季一次，旨在促進志工服務不同工作單位服務之虞，促進在異地生活的心理健康）

▲二〇〇五年慈善足球比賽，也是志工工作單位的員工比賽，希望藉此運動建立團隊合作的默契，A team-building。

11 我所看見的臺灣

◇德國✈臺灣　Daniel

▲臺南社區大學的書法課程。

▲課程後和其他志工一起騎機車。

▲作為週末清理打掃活動的一部分，在台南的海濱和河邊收集塑膠垃圾。

▲和專家們學習如何打麻將。

12 尋求人生的另一種可能　◇肯亞✈丹麥　Mobisa

▲這是我在寄宿家庭幫忙做家務。這是融入家庭的重要部分，讓志工比較不會像住飯店的客人一樣。

▲這是我和其他志工在 introduction camp 的合影。我們開始建立關係並學習丹麥文化。事實上，其中兩位來自臺灣。

▲這是一張特別的照片，因為那天是我的生日。大約有五位其他志工後來和我、我的寄宿家庭及他們的朋友一起慶祝我的生日。這是我其中一個特別的日子。你可以看到丹麥國旗，這是生日時慣例要掛的旗幟。

▲這是我正準備出門去工作或是去志願服務的地方。我通常騎腳踏車，有時也騎機車。

13 出乎意料的收穫　◇義大利✈英國　Eleonora

View over Cheltenham
that I enjoyed so much
Cheltenham - a place in our
hearts, a place where we
laughed and cried but most
of all a place that connects
us with each other

14 走出冰與火之國

◇冰島✈義大利 Iris

▲工作途中偶爾行經高處眺望的美景。

▲在眾多好友的陪伴下，在義大利度過了難忘的二十一歲生日。

◀夜晚來臨時，喜歡和朋友們在小鎮漫步（圖為海神雕像）。

▲波光閃閃是距離小鎮不遠美麗的加爾達湖（Lago di garda）。

義大利生活剪影

15 為自己開啟一扇機會之窗 ◇立陶宛✈義大利 Vytas

▲威尼斯嘉年華，我們也是有備而來。

▲看我亂入威尼斯加年華毫無違和感。

▲穿上搭便車俱樂部的制服來個標準示範。

◀臨別禮物全部披掛上身。